東海まち歩き再発見隊 著

メイツ出版

# 愛知巡礼の序

悩みと迷い多き時代です。

そんな時代だからこそ、老若男女がこぞってパワースポットに足を運んでいるのかもしれません。

人は、いつの時代でも悩みを抱えると「旅」に出たくなります。

旅とは物理的に自分の日常から離脱したい欲求かもしれませんが、同時に、日常から離れ、多くの縁を感じながら真の自分と深く対面し会話することこそが、本来の旅というものかもしれません。

「巡礼」とは、旅に出たくなる悩み多き人々の願いを気軽に叶えるためのしくみ。古来から続く先人の足跡を辿りながら、「縁」というツナガリに気がつく旅なのでしょう。

四国遍路に道を築いた弘法大師が魅せられた知多半島を始め、三英傑を輩出した地、愛知だからこそ残る歴史ある巡礼の地。この地での良き旅と多くの良縁に出逢うために、小誌をご活用くだされば幸いです。尚、愛知県には、小誌では網羅できない数多くの霊場があります。ぜひ、小誌をきっかけに他の霊場もお巡りください。

※本書は2014年発行の『愛知　御朱印を求めて歩く札所めぐり　名古屋・尾張・三河ガイドブック』の改訂版です。

# 愛の地(知)で愛を知る路

2019年に開創250年を数える
知多西国三十三観音霊場。
御朱印が押せる表装済みの
記念掛け軸
(問 0569-35-2705 洞雲寺)

# 本書の使い方

**札所巡り**
愛知県内の札所巡りを、知多西国三十三観音、名古屋二十一大師、尾張六地蔵、三河三封寺の順で紹介しています。各札所巡りでは巡礼の順番は特に定められていませんので、記事を参考にご自由に計画を。

知多西国三十三観音

知多西国三十三番
第一番

MAP P13-❶

知多四国第四十三番

大慈山
岩屋寺《いわやじ》

■宗派　尾張高野山宗
■開基　元正天皇
■開山　行基菩薩
■本尊　千手観音

ご詠歌

わするなよ
かろきわがみは
くちぬとも
をもき岩屋の
深き誓いを

## 知多の古刹と親しまれる岩屋寺

本尊を千手観音菩薩とし、多くの参拝客が訪れる「岩屋寺」は知多の古刹と言われ、七一五年に天正天皇の勅願により行基を開祖として創建、千眼光寺の別号を賜ったといわれています。その後、尾張徳川家の勅願寺となり御黒印を授かったこともあり、伽藍も増え栄えたと伝えられています。また、寺宝として多くの重要文化財を所有し、戦国時代大野城主佐《おおのじょうしゅさ》治氏《じし》の献納である一切経《いっさいきょう》五四六三巻、唐の時代に玄奘三蔵がインドより持ち帰った経典の複写物、弘法大師が使用した金銅法具等が保存され、全てが国の重要文化財に指定されています。

大経蔵の右手には、文化年間（一八〇四～一八一八年）に、中興の傑僧、豪潮律師《ごうちょうりっし》により五百羅漢《ごひゃくらかん》像が開眼され、山の斜面に解け込むように配される羅漢像の姿が非常に壮観です。また、山中を登れば大師ヶ岳八十八ヶ所霊場につづき、山頂には石の台座の上に如来を従える、三十七歳の姿をした身代弘法大師の巨像があります。

▲山に向かって左手に本堂を構える、珍しい造りの境内が印象的

**地図表記**
〔MAP P13①について〕
P13はこの札所の地図掲載ページを表します。次の①はP13中の地図の中、①の位置にこの札所があることを示しています。全体地図・分割地図・コマ地図を用いて、効率のよい札所めぐりの参考に。

※カーナビでの誘導では狭い路地を選択し誘導する場合があるのでご注意下さい。

**寺院解説**
寺院は札所本尊、ご利益を中心にその歴史やいわれを解説しています。なお、内容には多く伝承や口伝も含まれております。ご詠歌が伝えられている寺院に就いては「ご詠歌」を記載しておりますので、お参りの祈りにはぜひ唱えながら参詣することをおすすめします。※寺院の希望で人物など敬称で記載されている場合もあります。

※本書に掲載のすべての寺院より、掲載の許可をいただいています。
※寺社、札所などの歴史については諸説ある場合があります。
※掲載されている情報は2018年7月現在のものです。交通事情、ご朱印の内容などが変更されることがあります。

**ご朱印**

本書は札所を巡ると同時にご朱印をいただくことをテーマに構成されています。札所の寺社はいくつもの霊場の札所を兼ねているところも多いため、本書ではその霊場めぐりのご朱印（手書き墨書と、納経帳に印刷された墨書が混在）を収録しています。実際は、ご自身がお参りして、いただきたいご朱印を受けて下さい。なお、住職など不在の時もありますので、手書きの墨書を希望する際には、事前に寺院へご確認ください。納経帳を使えば効率良く巡ることができます。

**【ご朱印解説】**

①霊場の番号など
②本尊名など
③印（本尊を表すものもしくは三宝印など）
④寺号（山号）
⑤寺院の印

知多西国三十三観音

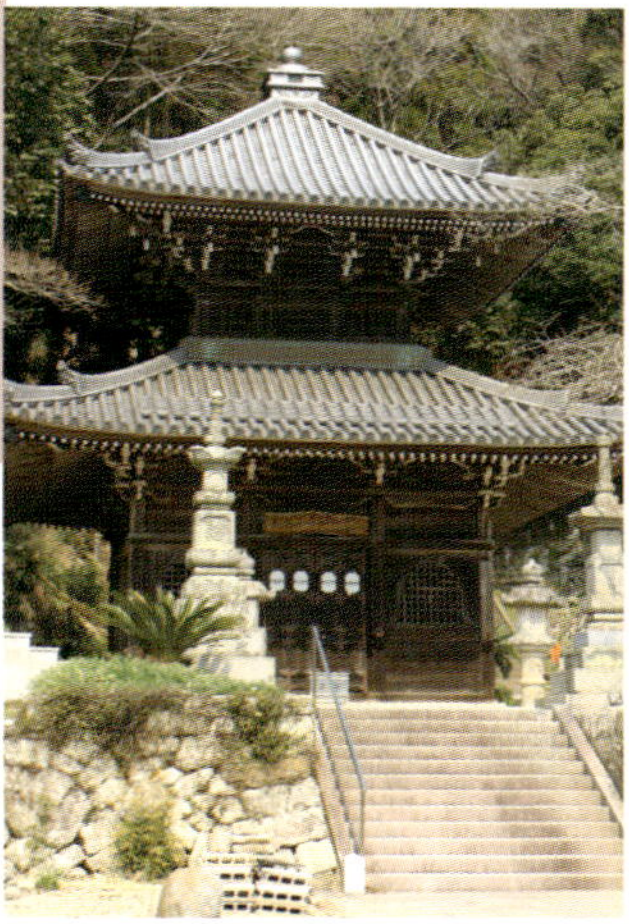

▲二重の大経蔵。この中に一切経 5463 巻が納められている

▲大師ヶ岳八十八ヶ所霊場の入口では、圧巻の羅漢像が迎える

▲毎月 17 日の例月祭のにぎわい

❶知多西国第一番
❷梵字　千手観世音菩薩
❸三宝印（仏法僧宝）
❹尾張高野山　岩屋寺
❺尾張高野山岩屋寺

**巡礼の旅情報**

毎月十七日には例月祭が行われ露天などで賑わいます。
裏山内には、ミニ八十八カ所があるので、散策しがてら巡って見るのも楽しいです。

■所在地
愛知県知多郡南知多町大字山海字間草109
■電話
0569-62-0387
■アクセス
名鉄知多新線「内海駅」からタクシーで約10分　※毎月17日の御命日は内海駅から岩屋寺直通バスが運行（午前8時30分、9時30分発）
■駐車場
あり（100台）
■拝観時間
3月～9月 8:00～18:00
10月～2月 7:00～17:00
■拝観料
無料　※ご朱印代は別途

**データ**

住所、電話番号、拝観料、拝観時間（自由拝観の寺院も多いため、ご朱印がいただける目安の時間）、さらに交通アクセスを紹介しています。本書のデータは2018年7月現在のもので、拝観料や拝観時間は変更になる場合がありますので、お出かけ前にご確認下さい。また、交通アクセスは最も一般的なものを記載しています。

# 目次

はじめに……2
本書の使い方……4

【知多西国三十三観音霊場】
霊場紹介……10
エリアマップ……12

巻頭インタビュー 18

第1番　岩屋寺……20
第2番　奥之院……22
第3番　正衆寺……23
第4番　影向寺（時志観音）……24
第5番　極楽寺……26
第6番　神護寺……28
第7番　法華寺……30
第8番　影現寺……31
第9番　持宝院……32
第10番　来応寺……34
第11番　安楽寺……36

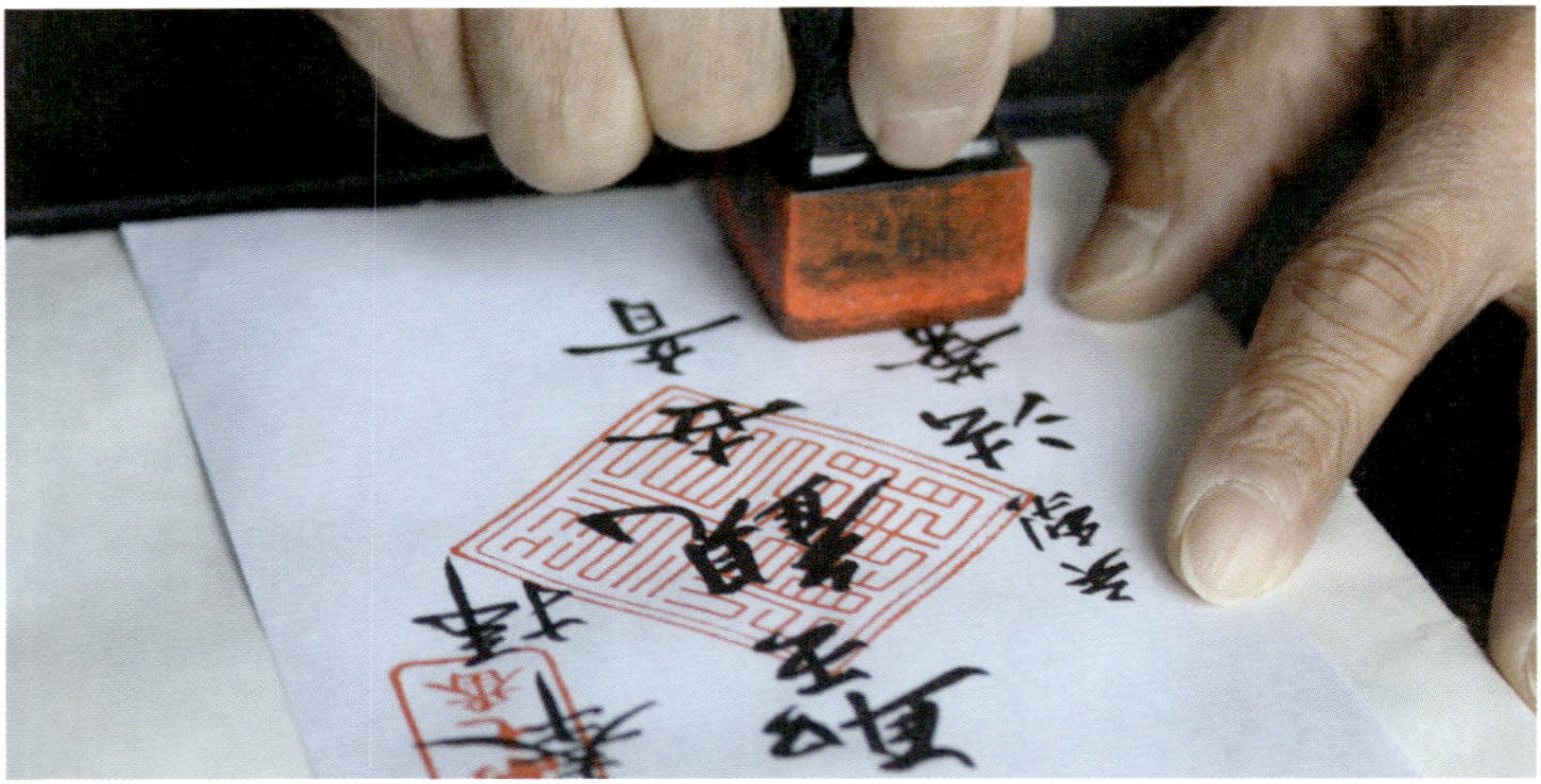

第12番　高讃寺……37
第13番　洞雲寺……38
第14番　大善院……40
第15番　中之坊寺……42
第16番　三光院……43
第17番　慈光寺……44
第18番　大智院……46
第19番　慈雲寺……48
第20番　栖光院……50
第21番　観福寺……52
第22番　玄猷寺……54
第23番　清水寺……56
第24番　観音寺……58
第25番　圓通寺……60
第26番　長寿寺……61
第27番　普門寺……62
第28番　常福寺……64
第29番　傳宗院……66
第30番　観音寺……68
第31番　安楽寺……70
第32番　光照寺……72
第33番　観音寺……74

知多四国八十八ヶ所霊場 76
日本の巡礼の歴史・ご朱印について 78
【名古屋二十一大師霊場】
霊場紹介……80
エリアマップ……82
第1番　寶生院……86
第2番　七寺……87
第3番　萬福院……88
第4番　延命院……89
第5番　福生院……90
第6番　長久寺……91
第7番　東界寺……92
第8番　常光院……93
第9番　護国院……94
第10番　寶藏院……95
第11番　宝珠院……96
第12番　辯天寺……97
第13番　弥勒院……98
第14番　喜見寺……99
第15番　地蔵院……100

第16番　笠覆寺……101
第17番　大喜寺……102
第18番　海上寺……103
第19番　金龍寺……104
第20番　龍福寺……105
第21番　興正寺……106
覚王山八十八ヶ所 107
尾張四観音と名古屋城 108
【尾張六地蔵霊場】
霊場紹介……110
第1番　長光寺……112
尾張國六地蔵 113
第2番　清浄寺……114
※第3番　地蔵院はP100を参照
第4番　如意寺……115
第5番　地蔵寺……116
第6番　芳珠寺……117
ご朱印で用いられる梵字 118

【三河三封寺霊場】
霊場紹介……120
無量寺（がん封じ）……122
妙善寺（中風除け）……123
養学院（ぼけ封じ）……124
あとがき……125
さくいん……126

# 知多西国三十三観音霊場

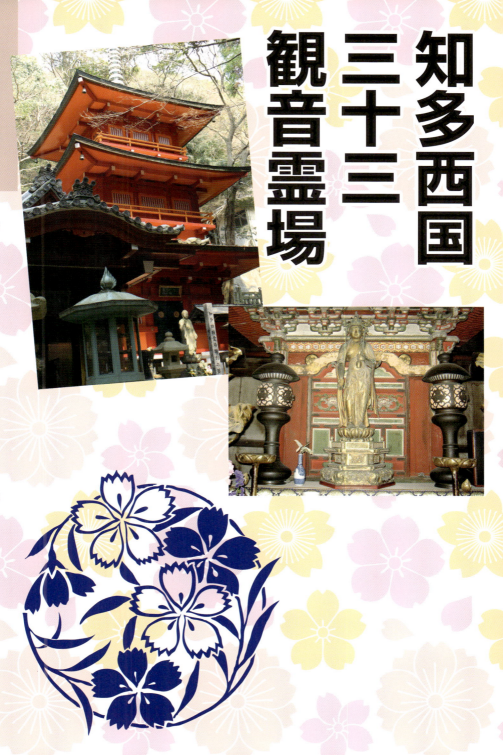

# 知多西国三十三観音めぐり

## 古き歴史を有する霊場

知多西国三十三観音（正式名称「知多西国三十三所霊場」）は、明和7年（一七七〇）に岩屋寺（P20）中之坊の智善上人《ちぜんしょうにん》が尾州知多郡に開創しました。（岩屋寺誌には宝暦3年（一七五三）と記述）

風光明媚な知多半島には知多西国三十三所霊場をはじめ知多四国霊場（新四国）など幾多の札所があります。知多四国は多くの人で賑わいますが、近年、そのルーツと考えられている歴史深いこの霊場を巡る巡礼者が少なくなっています。各寺院には、幸いなことに『當郡西国』『郡中西国』の石柱をはじめ、古来から伝わる御詠歌奉納額が残されている札所もあります。また、「盗賊が岩屋寺奥之院（P22）に忍び入り安置されていた聖観世音菩薩像を盗んだ時に運搬に使った船が動かなかった」という不思議な逸話も語り継がれています。

### 巡る前にこれをチェック!!

まずは、寺院で販売されている納経帳を購入。納経帳の巻末には、札所の地図やリストのほか、観音様のお経も掲載されています。

また、各寺院には毎年新しく作られるチラシがあり、その年のご開帳情報などが掲載されています。

※霊場会の公式WEBに関してはP19をご参照下さい。

### 知多西国三十三所霊場会おすすめの巡り順

※下記は普門寺を出発地とした時のおすすめルートです。どの寺院からスタートしても知多半島を時計回りで1周できます。

㉗普門寺→㉘常福寺→㉙傳宗院→㉚観音寺→㉛安楽寺→㉝観音寺→
㉜光照寺→⑧影現寺→⑦法華寺→⑥神護寺→⑤極楽寺→③正衆寺→
④影向寺→①岩屋寺→②奥之院→⑨持宝院→⑩来応寺→⑪安楽寺→
⑫高讃寺→⑬洞雲寺→⑭大善院→⑮中之坊寺→⑯三光院→⑰慈光寺→
⑱大智院→⑲慈雲寺→⑳栖光院→㉑観福寺→㉒玄猷寺→㉓清水寺→
㉔観音寺→㉕圓通寺→㉖長寿寺

P16 エリアマップ E
26 長寿寺
1
大高
南大高
東海 IC
大府 IC
伊勢湾岸自動車道
P14 エリアマップ C
聚楽園
観音寺 24
清水寺
大府西 IC
25
圓通寺
名古屋南JCT
共和
東海道新幹線
新日鉄前
23
東海市
22
観福寺
太田川
玄猷寺
21
大府市
普門寺 27
155
大府
東海道線
28
大府東海 IC
常福寺
尾張森岡
P15 エリアマップ D
朝倉
20
栖光院
29
傳宗院
緒川
名鉄河和線
知多市
東浦知多 IC
石浜
慈雲寺 19
155
366
東浦町
知多半島道路
観音寺 30
46
阿久比 IC
安楽寺
坂部
東浦
新舞子
慈光寺
31
17
18 大智院
阿久比町
JR武豊線
三光院
16
阿久比
大野町
15 中之坊寺
観音寺
植大
33
衣浦大橋
名鉄常滑線
光照寺
亀崎
55
常滑市
32
セントレアライン
乙川
常滑 IC
半田中央JCT
知多半田
半田
P17 エリアマップ F
常滑
34
半田 IC
りんくう IC
14
大善院
半田市
衣浦トンネル
セントレア東 IC
洞雲寺 13
12 高讃寺
東成岩
中部国際空港
武豊町
安楽寺 11
武豊
来応寺 10
72
武豊 IC
P14 エリアマップ B
富貴
伊勢湾
名鉄河和線
P12-13 エリアマップ A
河和口
美浜 IC
8 影現寺 (時志観音)
知多湾
美浜町
南知多道路
河和
野間
名鉄知多新線
南知多 IC
247
持宝院
52
7 法華寺
9
内海
古布 IC
2 奥之院
豊丘 IC
岩屋寺 1
247
南知多町
正衆寺
3
5 極楽寺
影向寺 4
6 神護寺
幡豆岬
師崎港

# 南知多町・美浜町

8 P31 第八番 影現寺
名鉄河和線
廣徳寺支院
247
弥勒寺
河和駅
甘露寺
河和海水浴場
半田保健所美浜支所
ヤマト運輸
知多湾
河和南部小
279
P30 第七番 法華寺 7
古布IC
280
南知多病院
247
JA
豊丘IC
2 P22 第二番 奥之院
1 P20 第一番 岩屋寺
シャトレーオーシャンビュー南知多
鳶ヶ崎海水浴場
コメリ
南知多工業団地
7
南知多町役場
280
276
総合体育館
南知多大井局
師崎中
281
豊浜中
P24 第四番 影向寺 4
3 P23 第三番 正衆寺
豊浜小
5 P26 第五番 極楽寺
247
7
豊浜魚ひろば
神明社
師崎局
P28 第六番 神護寺 6
247

美浜局
知多奥田駅
奥田小
かんぽの宿
知多美浜
日本福祉大
大栄産業
若松海水浴場
美浜町役場
知多半島道路
しまむら
野間小
275
野間大坊
野間駅
276
277
野間
海水浴場
247
名鉄知多新線
渡辺病院
内海高
52
南知多IC
新南愛知カントリークラブ
美浜コース
南知多
グリーンセンター
中日小野浦
キャンプガンバロー村
小野浦海水浴場
P32 第九番 持宝院
9
性海寺
南知多
グリーンバレイ
内海中
内海駅
52
276
千鳥ヶ浜
海水浴場
泉蔵院
247
天竜寺
470
山崎海水浴場
天神社
伊勢湾

## 知多西国三十三観音 エリアマップ B 常滑市

## 知多西国三十三観音 エリアマップ C 東海市

# 常滑市・知多市　知多西国三十三観音 エリアマップ D

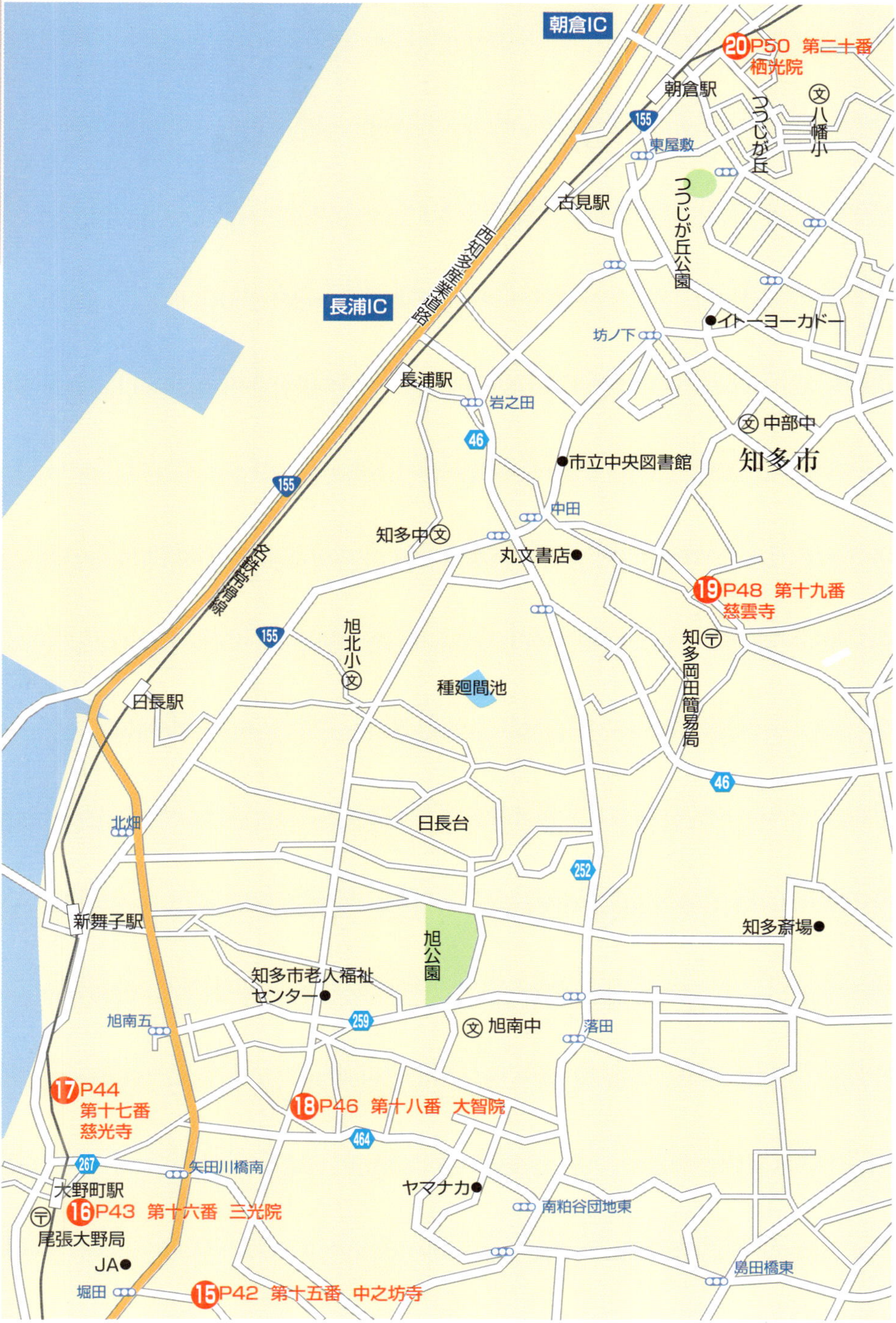

# 大府市・名古屋市

緑区役所
大高駅
26 P61
第二十六番
長寿寺
左京山駅
有松駅
有松IC
中京競馬場前駅
大高緑地
大高IC
名和中
桜花学園大
名鉄名古屋本線
大高
南大高駅
イオン
名古屋南JCT
豊明栄病院
大府IC
25 P60
第二十五番
圓通寺
伊勢湾岸自動車道
名古屋南IC
共和IC
有松IC
北崎IC
大府西IC
共和駅
大府
至学館大
東海道新幹線
東海道本線
知多半島道路
P62
第二十七番
普門寺 27
豊田自動織機
長草工場
大府市役所
大府駅
大府東海IC
28 P64 第二十八番 常福寺
あいち健康の森公園
国立長寿医療研究センター
尾張森岡駅
境川
東浦町役場
新田牧場
緒川駅
イオン
東浦知多IC
59
3
50
23
237
1
243
248
249
253
366
57
155
246
252

# 東浦町・阿久比町・半田市 知多西国三十三観音 エリアマップ F

# 知多西国三十三所霊場 巻頭インタビュー

語り手　知多西国事務局ご担当・洞雲寺 御住職　磯部順基氏

知名度が高い「知多四国八十八所霊場巡り」。今回紹介する「知多西国三十三所霊場（観音巡り）と歴史的に深い繋がりがあると伝えられています。詳しいお話を、知多西国三十三所霊場の事務局を担当されている磯部住職にうかがいました。

## ●知多西国と知多四国との関係について

磯部住職「知多西国三十三所霊場は明和7年（一七七〇）に岩屋寺中之坊の智善上人が尾州知多郡に開創されました。知多四国（新四国）ができたのは、文化6年（一八〇九）に発願し、文政7年（一八二四）に整ったといわれていますので、知多西国のほうが古い札所だと言えます。最近、それを裏付ける石柱が発見されました。洞雲寺近くの民家に残されていた石柱があり、その石柱には、『當郡西国十三番　新四国六十二番　札所　樽水村洞雲寺』と正面に彫られ、向かって右には『文政十亥年（一八二七）十月建立　寄進者』、向って左には『これよ里　東へ　二丁也』と刻まれております。つまり、知多四国が整ったとされる年の3年後に建立された石柱に、『當郡西国十三番』という記述が先に刻まれています。こうした石柱は、知多の寺院の数カ所見られます。

発見された石柱は洞雲寺境内に安置されている

これは文献や石柱などを調査した私の憶測も含まれますが、知多西国の寺院は、知多四国の寺院とほとんど重複しています。また、知多半島には、真言宗のお寺が30ヶ寺くらいしかないのですが、知多四国を整えた際に、ほかの宗旨の寺院も札所になっています。こうしたことを見ても、知多四国を整える際に、基となった札所があったのだろうとも思えます。知多四国は、霊場としては至極合理的なルートになっていまして、霊場を整える上で各寺院の協力や尽力が見てとれます。知多四国は、第一番から第八十八番まで巡ると、その道順で知多半島を1周できてしまうんですね。一般的には、お寺同士の力関係もあり、こうした合理的なルートでの霊場の配置は珍しいですね。知多西国も一部8の字を描くようになっておりますが、基本的には知多四国同様、どこから巡っても1周できるようになっていますから、整えられた智善上人はじめ、各寺院の御住職たちは、大いに霊場の整備に協力し合ったのではないかと思います。

知多四国は、年間を通じて全国から多くの巡拝の方々が訪れて頂いております。しかし、一方、知多西国は、そのルーツでありながら、知多四国の影に隠れがちであり、巡る方は多くありません。霊場の深い歴史を考えた場合、こうした現状は少し寂しいですね。私は知多西国霊場の事務局をしている立場として、ぜひ、多くの方々に知多西国もお参りして頂きたいです」

## ●ガイドブックとしての『納経帳』

磯部住職「巡礼する上でぜひ活用して頂きたいのが『納経帳』です。こちらの納経帳は、すでに各寺院の墨書が印刷された納経帳となっていまして、ご朱印を頂く専用の納経帳です。この納経帳は、知多西国の寺院の皆様といろいろな協議を重ねて編集したもので、注目すべきは、ガイドブック的な編集をしたという点です。巻末には、各札所の住所や電話番号のリスト、地図を掲載してあります。また、この一冊でおつとめもできるように、各寺院の御詠歌一覧のほか、観音様のお経も掲載しました。メイツ出版のこのガイドブックに加えて、納経帳を持って頂ければ、安心して知多西国を巡ることができます。

実はもう一種類の納経帳もあります。これは、数量限定の『復刻版 納経帳』です。残されていた昭和初期の納経帳を完全再現したものです。こちらは、廃寺になってしまった寺院の名前が掲載されていたり、また、寺名が『寺』や『院』に統一される前の『庵』や『坊』などの名前で表記されていたり、歴史が好きな方には特におすすめです」

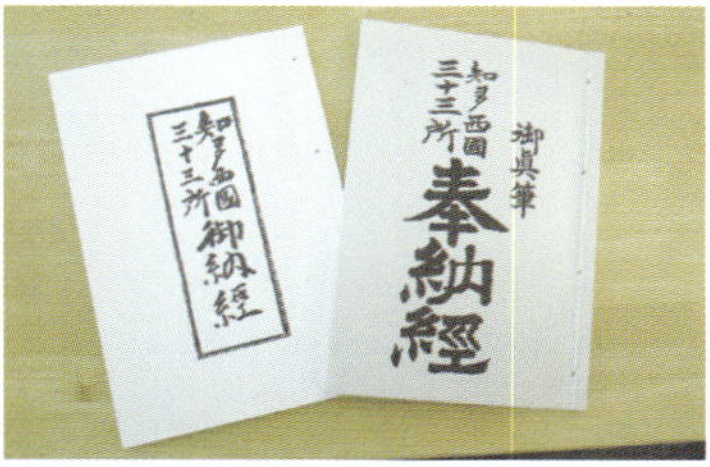


右側が通常の納経帳

左側が復刻版納経帳

地図や寺院リストが掲載されている納経帳の巻末

## ●巡礼の真の魅力とは『出逢い』

磯部住職「まだ身分制度があった昔、巡礼は、身分の差関係なく、万人が等しく巡礼者であることができました。そして、それは、多くのご縁を繋ぐ機会でもありました。巡礼をしていると不思議なご縁に導かれることが多いと聞きます。例えば、たまたま巡礼で知り合った方が、詳しく聞けば自分の友人の友人であったりと、そういうお話は実に数多くお聞きします。また、一緒に巡礼するなかで、意気投合し、そのまま大切な友人となったりなど、巡礼とは、仏様に導かれて行く『ご縁に出逢う場』だと思います。

巡礼は一度周れば良しというスタンプラリーのようなものと捉えられたら少し寂しいものです。季節も違えば、風景も変わる。また、巡る人も違えば、巡る人自身の置かれた環境も常に変化します。その都度に、巡礼をして見る風景、感じることは、同一ではなく、変化のなかで新しい自分とも出逢うことにもなります。こうしたことから、ぜひ、何度も訪れて頂きたいと思います。何か迷いや苦しみがございましたら、気軽にお声がけください。お逢いする日を心からお待ち申し上げております（合掌）」

**知多西国三十三所霊場**
**公式ホームページ**

**http://www.chita33.com**

知多西国三十三観音
**第一番**

MAP P12-❶

知多四国第四十三番

# 大慈山 岩《いわ》屋《や》寺《じ》

▲山に向かって左手に本堂を構える、珍しい造りの境内が印象的

■宗派　尾張高野山宗
■開基　元正天皇
■開山　行基菩薩
■本尊　千手観音

**ご詠歌**

わするなよ
かろきわがみは
くちぬとも
をもき岩屋の
深き誓いを

## 知多の古刹と親しまれる岩屋寺

本尊を千手観音菩薩とし、多くの参拝客が訪れる岩屋寺は知多の古刹といわれ、七一五年（和銅8年または霊亀元年）に天正天皇の勅願により行基を開祖として創建、千眼光寺の別号を賜ったといわれています。その後、尾張徳川家の勅願寺となり御黒印を授かったこともあり、伽藍も増え栄えたと伝えられています。また、寺宝として多くの重要文化財を所有し、戦国時代大野城主佐治氏《おおのじょうしゅさじし》の献納である一切経《いっさいきょう》五四六三巻、唐の時代に玄奘三蔵がインドより持ち帰った経典の複写物、弘法大師が使用した金銅法具等が保存され、全てが国の重要文化財に指定されています。

大経蔵の右手には、文化年間（一八〇四～一八一八）に、中興の傑僧、豪潮律師《ごうちょうりつし》により五百羅漢《ごひゃくらかん》像が開眼され、山の斜面に解け込むように配される羅漢像の姿が非常に壮観です。また、山中を登れば大師ヶ岳八十八ヶ所霊場につづき、山頂には石の台座の上に如来を従える、37歳の姿をした身代弘法大師の巨像があります。

▲二重の大経蔵。この中に一切経五四六三巻が納められている

▲大師ヶ岳八十八ヶ所霊場の入口では、圧巻の羅漢像が迎える

▲毎月 17 日の例月祭のにぎわい

❶ 知多西国第一番
❷ 梵字・千手観世音菩薩
❸ 三宝印（仏法僧宝）
❹ 尾張高野山　岩屋寺
❺ 尾張高野山岩屋寺

## 巡礼の旅情報

毎月十七日には例月祭が行われ露天などで賑わいます。

裏山には、ミニ八十八カ所があるので、散策しがてら巡って見るのも楽しいです。

■所在地
愛知県知多郡南知多町大字山海字間草109

■電話
0569-62-0387

■アクセス
名鉄知多新線「内海駅」からタクシーで約10分　※毎月17日の御命日は内海駅から岩屋寺直通バスが運行（午前8時30分、9時30分発）

■駐車場
あり（100台）

■拝観時間
3月～9月 8:00～18:00
10月～2月 7:00～17:00

■拝観料
無料　※ご朱印代は別途

知多西国三十三観音
**第二番**

MAP P12-❷

知多四国番外

# 岩屋山 奥《おく》之《の》院《いん》

■宗派　尾張高野山宗
■開基　行基
■開山　弘法大師
■本尊　聖観音菩薩

▲杉木立の参道を抜けると突如現れる、朱色の三重塔。こちらには六観音が祀られる

▲本堂手前には眉目凜々しい初陣不動

▲参道には開山堂や弘法大師像などがある

**ご詠歌**

名も高き
深きみ山の
奥之院
ふだらくせんの
景色なるらん

## 弘法大師が修業を積んだ霊場

岩屋寺（P20）の山門を右へと足を進めるとたどり着く奥之院は、大同3年（八〇八）弘法大師が修業として百日護摩を焚き開創され、自身の像を岩窟の中に納められた寺院です。杉木立の中、参道を進めば、朱塗りが鮮やかな三重の納骨塔が佇み、岩肌には清水が流れ、霊場としての雰囲気が漂います。弘法大師が「もし我を信じる者あらば、病気災難など身代わりに立ちつかわさん」と誓ったことから身代大師として厚く信仰されています。

❶知多西国第二番
❷梵字・聖観世音菩薩
❸聖観音菩薩を表す梵字
❹身代大師　奥之院
❺勅願所岩屋山奥之院

■所在地愛知県知多郡南知多町大字山海字城州62-2
■電話0569-62-0387（岩屋寺）　■アクセス名鉄知多新線「内海駅」からタクシーで約13分　※毎月17日直行バスあり（岩屋寺を参照）　■駐車場あり（15台）　■拝観時間3月～9月8:00～18:00 10月～2月7:00～17:00　■拝観料無料 ※ご朱印代は別途

知多西国三十三観音
**第三番**

MAP P12-❸

池水山
# 正《しょう》衆《しゅう》寺《じ》

■宗派　曹洞宗
■本尊　釈迦牟尼仏

▲千賀家ゆかりの品々や文書が所蔵されている

▲境内の一角には愛らしい赤子地蔵が佇む

▲山門へと続く道の立派な石柱

**ご詠歌**

願えただ
この世のことは
ともかくも
やがておわりの
こうや初神

## 尾張藩船奉行・千賀家の菩提寺

本来、知多西国・第三番札所は初神（字名）の山霊にあった「恩徳寺《おんとくじ》」であったが、時代の変遷から廃寺となり、同寺に移行。正衆寺は、別の地で長面寺として源氏の御家人である須細為基の保護を受け、建久2年（一一九一）には源頼朝から寺領を寄進され栄えました。伊勢の朝熊山《あさまやま》の池の中から、不動尊、毘沙門天、虚空蔵の三尊が飛来したとの噂が流れ、これを聞いた領主で尾張藩船奉行の千賀重親《ちかしげちか》が、自家の菩提寺とし、寺名を改めました。

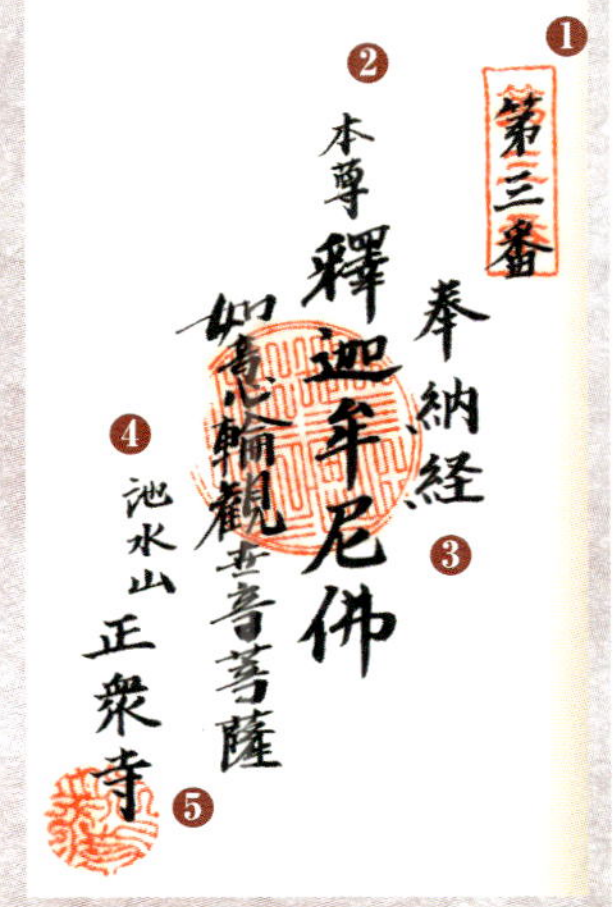


❶知多西国第三番
❷本尊　釈迦牟尼佛
　　　如意輪観世音菩薩
❸三宝印（仏法僧宝）
❹池水山　正衆寺
❺正衆寺印

■所在地愛知県知多郡南知多町大字豊浜字会下坪3
■電話0569-65-0627　■アクセス南知多町役場西の信号を左折し、県道276号線の豊浜小学校を左折し約400m
■駐車場あり（30台）　■拝観時間3月～9月8:00～18:00
10月～2月8:00～17:00　■拝観料無料　※ご朱印代は別途

▲山肌を背景に厳かに佇む子安観音像は、母のような温かい眼差しで見守っている

知多西国三十三観音
第四番

MAP P12-④

知多四国第四十番

# 普門山 影《よう》向《ごう》寺《じ》

■宗派　曹洞宗
■開基　不詳
■開山　祖芳宗
■本尊　十一面観音菩薩

**ご詠歌**

かぞうとも
りやくはつきじ
我ひとの
中州の浜の
いざごなるらん

## 女性行者は必ず参るといわれる安産の観音様

永禄年間の創立された当時、浄心寺・影向寺・興福寺の三ヶ寺がありましたが、明治初年にこの三寺を合併し、普門山影向寺となった曹洞宗の寺です。十一面観音菩薩を祀る本堂正面向拝には親子龍、獅子、獏の彫刻があり、他各所にも信州下諏訪 立川流名工 立木音四郎種清の彫刻が見られます。150年以上も前の作で、歴史の趣を感じさせます。

弘法大師、御母公大師とともに大師堂に祀られる子安大師は、聖観音菩薩の神通力によって現れたといわれ、尊像として崇められています。大師像や経文が描かれた御守腹帯（お守りの腹帯）は、「妊娠五ヶ月目の吉日より腹帯として使用すると丈夫な子どもに恵まれる」といわれることから、安産祈願に遠方から多くの方が訪れます。また、昭和46年には全国の篤心者《とくしんしゃ》の浄財により子安観音《こやすかんのん》霊場が建立されました。台座の上に佇む子安観音像は安らかな顔立ちと立ち姿が非常に美しく、台座の中には十二支の守護神が祀られています。

▲仏の足形を刻んだ佛足跡にそっと足を重ねてみては

▲境内に配された、みざる　いわざる　きかざる　せざる

▲立川流の親子龍、獅子、獏の彫刻。悪い夢を食べる獏の御朱印もあり

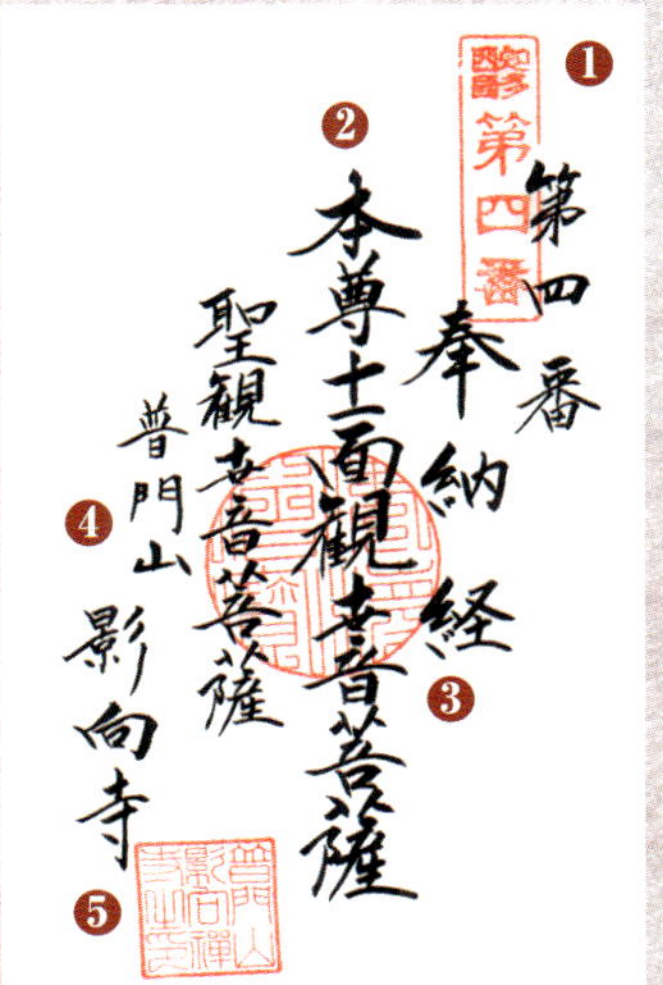


❶ 知多西国第四番
❷ 本尊　十一面観世音菩薩
聖観世音菩薩
❸ 三宝印（仏法僧宝）
❹ 普門山　影向寺
❺ 普門山影向禅寺之印

## 巡礼の旅情報

子安観音への山門天井には、美しい龍が描かれています。本堂前の石灯籠は善導寺型灯籠と呼ばれ、京都の善導寺にその原形があります。

■所在地
愛知県知多郡南知多町大字豊浜字中之浦84
■電話
0569-65-0040
■アクセス
名鉄知多新線「内海駅」からタクシーで約10分
■駐車場
あり（30台）
■拝観時間
3月～9月 6:00～18:00
10月～2月 7:00～17:00
■拝観料
無料　※ご朱印代は別途
■HP
http://yougouji.com/

知多西国三十三観音
第五番

MAP P12-5

▲高台に位置する極楽寺は、巡礼者だけでなく近隣住民からの信仰も篤い寺

# 梵音山 極《ごく》楽《らく》寺《じ》

■宗派　曹洞宗
■本尊　観音大菩薩
　　　　勢至大菩薩

**ご詠歌**

あらとうと
ちかいの海の
深ければ
うらやましくも
須佐の浦びと

## 南知多最古、須佐の古寺と親しまれる極楽寺

県道の北側の高みに位置する極楽寺は、南知多で最も古くからある寺と伝えられ、「須佐《すさ》の古寺」と尊称されています。昔、須佐（現豊浜）に拗小藤六という兄弟の漁師がいて、伊勢湾で金色の仏像を引き上げ極楽寺に安置しましたが、「岩屋の霊場へ移せ」との夢のお告げに従い大悲山岩屋寺（P20）へと仏像を安置したといわれています。その岩屋寺供養の際に、極楽寺の寂しさを藤六が嘆くと、導師として来臨された僧行基《ぎょうき》は阿弥陀、観音、勢至の三尊像を彫って与えたそうです。この伝えにより、霊亀《れいき》元年（七一五）より更に古い開基ということがわかります。伝説の本尊阿弥陀如来は藤原時代末期の作で、昭和31年に県の指定文化財になりました。

山門を抜けると高台へと続く階段があり、境内からは美しい豊浜の海を一望することができます。静けさと厳かな雰囲気を醸し出し歴史を感じさせる本堂の脇には、交通安全、除災、招福の観音である須佐浦観音が祀られています。

▲須佐（豊浜）の海を臨むように須佐浦観音が佇む

▲境内へと上る階段の途中にはお堂とご詠歌が刻まれた石柱がある

▲古い町並みと海を見渡すことができ眺望も良い

❶ 知多西国三十三観音第五番
❷ 本尊　観音　勢至両菩薩
❸ 観音大菩薩、勢至大菩薩を表す梵字
❹ 須佐求聞持　梵音山　極楽寺
❺ 求聞持梵音山極楽寺

## 巡礼の旅情報

県指定文化財の「木造阿弥陀如来立像」の脇侍、「観音菩薩立像」「勢至菩薩立像」（いずれも室町時代 の作）は、町の指定文化財に指定されています。

■所在地
愛知県知多郡南知多町大字豊浜字高浜51
■電話
0569-65-0254
■アクセス
名鉄知多新線「内海駅」より、海っ子バス師崎港行「高浜」下車、徒歩約2分
■駐車場
あり（18台）※県道沿い
■拝観時間
3月～9月 7:00～18:00
10月～2月 8:00～17:00
■拝観料
無料　※ご朱印代は別途

知多西国三十三観音
第六番

MAP P12-⑥

白翁山
# 神《じん》護《ご》寺《じ》

■宗派　天台宗
■開基　泰澄大師
■開山　重盛法印（中興開山）
■本尊　聖観音菩薩

ご詠歌

まいるより
仏もわれも
師崎の
よよのちぎりの
たのもしのみや

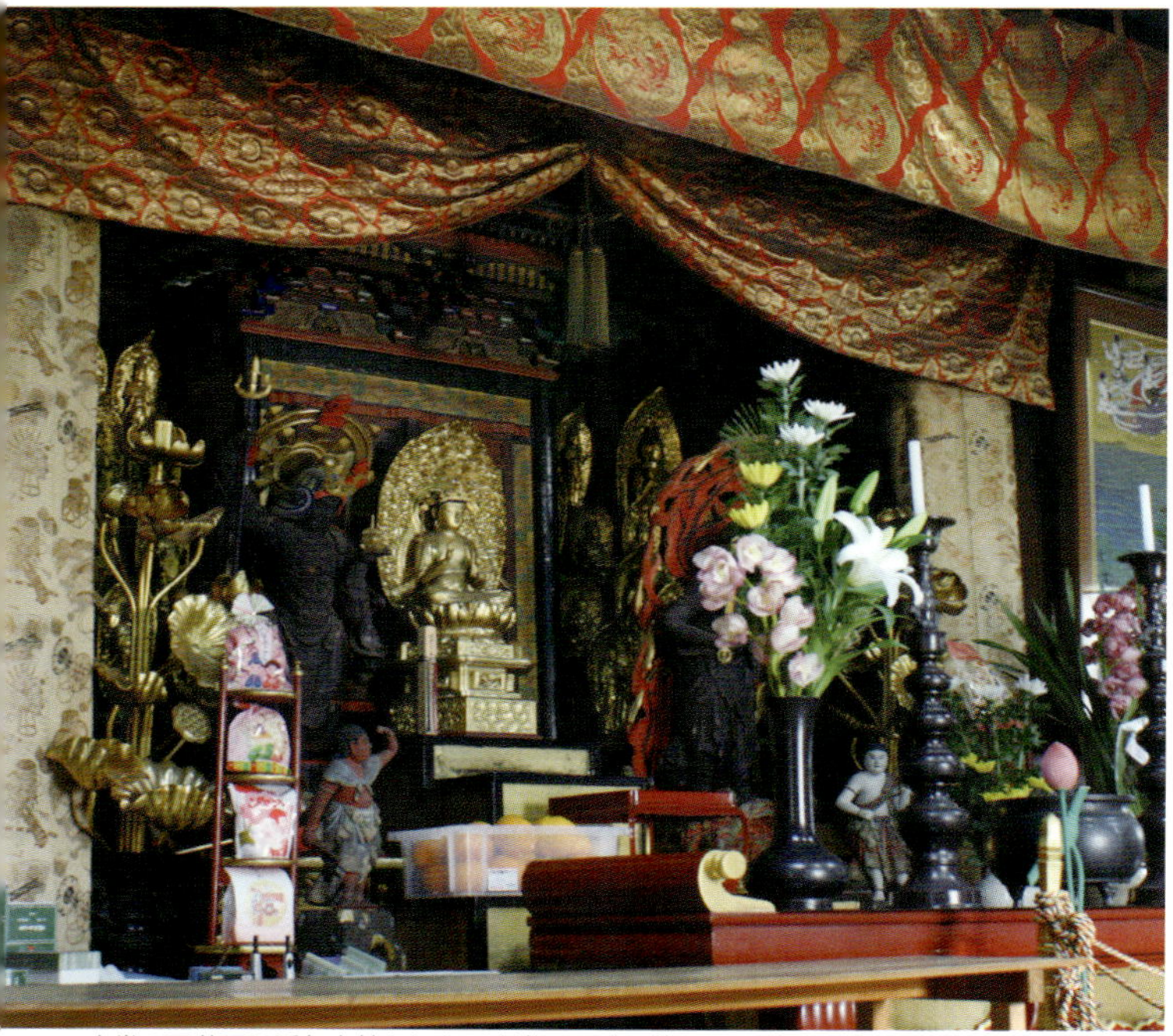

▲本堂の天井画は近年奉納された。本堂の両脇に飾られる壁画を描いた絵師の弟子が描いた

## 「師崎観音《もろざきかんのん》」と呼ばれ親しまれる神護寺

羽豆神社《はずじんじゃ》の別当寺院として栄えたのち、長く神宮寺と号していましたが、江戸時代の中頃に現在の神護寺と改められました。神を護り神に守られながら歴史を刻んできた由緒あるこの神護寺は、地元では別名「師崎観音」と称され長く親しまれています。泰澄《たいちょう》大師の作といわれる秘仏持経観音《じきょうかんのん》を祀る本堂は元禄年間に再建されました。本尊の両脇には不動明王様と毘沙門様が祀られ、無理な願いをする参拝者に、時には不動の鞭をあて、時には毘沙門の福を与えて済度してくださるといわれています。平成元年には徳川斉朝《とくがわなりとも》ゆかりの毘沙門様を祀る七福堂が建てられ、その参道には長野県の善光寺の参道の旧敷石が利用されました。

境内には八大龍王神、秋葉三尺坊、津島社が祀られ、本堂には羽豆神社の祭神の壁画が飾られています。本堂右側からは本堂裏山に上ることができ、天気の良い日には日間賀島《ひまかじま》や篠島を臨むことができる絶景スポットとなっています。

▲魚供養のために建立された魚霊観音

▲裏山からは、日間賀島や篠島を一望できる

▲境内の三石仏は、左から聖観音、如意輪観音、十一面観音

❶ 知多西国第六番札所
❷ 梵字・大悲殿
❸ 聖観音菩薩を表す梵字
❹ 師崎 神護寺
❺ 師崎観音神護寺之印

## 巡礼の旅情報

境内には「ひざのお護り、普賢さん」と親しまれる普賢菩薩が祀られています。本堂の裏山はパワースポットとして知られ、ご住職のおすすめの場所です。

■所在地
愛知県知多郡南知多町大字師崎字鳥西27
■電話
0569-63-0773
■アクセス
名鉄河和線「河和駅」下車、知多バス師崎港行「師崎」より、徒歩約2分
■駐車場
あり（15台）
■拝観時間
3月～9月 6:00～18:00
10月～2月 7:00～17:00
■拝観料
無料　※ご朱印代は別途

知多西国三十三観音
# 第七番

MAP P12-⑦

大乗山
# 法《ほっ》華《け》寺《じ》

■宗派　天台宗
■開基　行基
■本尊　聖観音菩薩

▲法華寺の山門前には法華寺川が流れており、渡る橋は法華寺橋と名付けられている

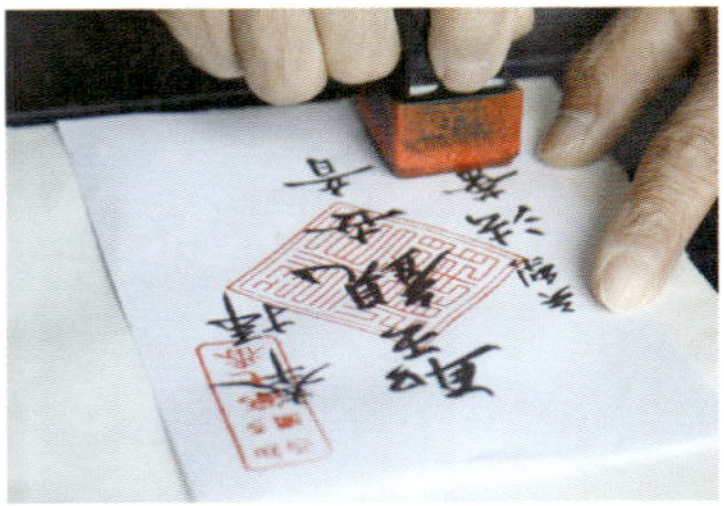

▲納経所でご朱印を押して頂く

▲鐘のいぼにこよりを結んでイボとり祈願

## 眼病にご利益のある秘仏

神亀5年（七二八）行基に開基され、七堂伽藍を有した一大古刹でした。法華寺の本尊である聖観音菩薩は別名矢梨観音ともいわれ、60年に一度しか開帳されない秘仏。天文5年（一五三六）に織田信長の手兵によって火を放たれ、本尊と一院を残し全て焼失。後、復旧再興の機運に恵まれましたが、慶長5年（一六〇〇）、九鬼水軍により再び炎上。釣鐘はイボとりに、本尊は眼病に霊験あらたかといわれています。

### ご詠歌

来てみれば
柳にながき
いのちもや
ちたびももたび
参りくらさん

❶知多西国第七番
❷聖観世音
❸三宝印（仏法僧宝）
❹矢梨　法華寺
❺法華寺印

■所在地愛知県知多郡美浜町大字豊丘字五宝115
■電話0569-82-2230　■アクセス名鉄河和線「河和駅」下車、知多乗合バス師崎線「美浜ナチュラル村」より徒歩約5分
■駐車場あり（30台）　■拝観時間3月～9月6:00～18:00　10月～2月7:00～17:00　■拝観料無料 ※ご朱印代は別途

知多西国三十三観音
第八番

MAP P12-8

知多四国番外

慈雲山 影《よう》現《げん》寺《じ》

# 時《とき》志《し》観《かん》音《のん》

▲仁王像が迎える影現寺の広大な境内には、多数の石仏などが並ぶ

▲境内にある弘法大師を祀る弘法堂

▲大聖観音石像の美しい姿

■宗派　曹洞宗
■開基　山沢恩房大和尚
■開山　実山了証大和尚
■本尊　釈迦牟尼仏

**ご詠歌**

ときしらぬ
利益はいつも
有明の
月の光の
いたらぬはなし

## 三つ葉葵が寺紋の安産のお寺

別名「時志観音」といわれ、虫封じ、子育て、安産のご利益があるといわれています。観音堂には秘仏木像十一面観音菩薩が祀られており、天長4年（八二七）佐久島の漁夫の網にかかって海中より出現したと伝えられ、島内に草庵を結び安置されました。後、対岸に移り、一時期「海西山普門寺」とされましたが、永正4年（一五〇七）聖室有賢和尚を草創開山とし寺院が創立され、現在は慈雲山影現寺と称しています。

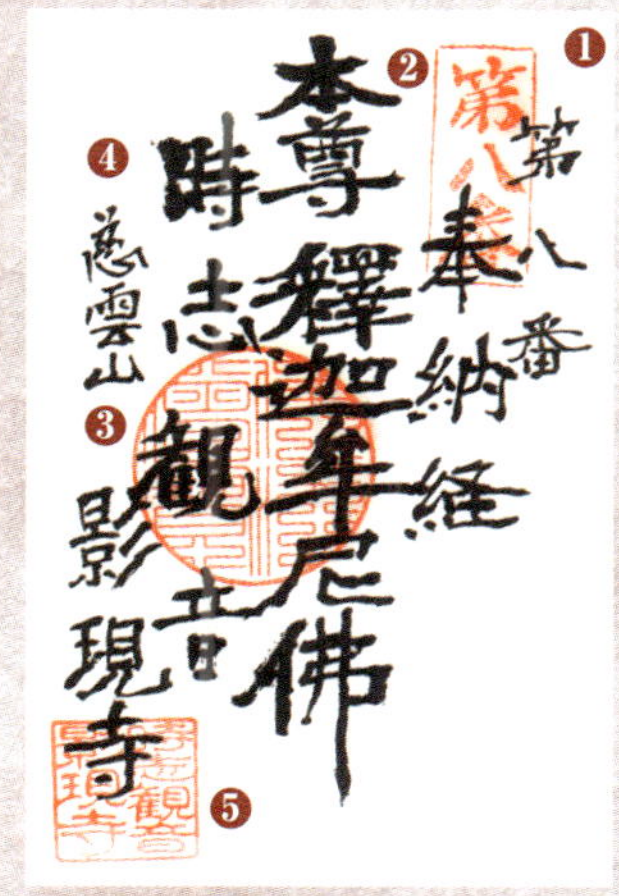


❶知多西国第八番
❷本尊　釈迦牟尼仏
時志観音
❸三宝印（仏法僧宝）
❹慈雲山　影現寺
❺時志観音影現寺

■所在地愛知県知多郡美浜町大字時志字南平井86
■電話0569-82-0041　■アクセス名鉄河和線「河和口駅」から徒歩約10分　■駐車場あり（80台）
■拝観時間3月～9月8:00～18:00　10月～2月7:00～17:00
■拝観料無料　※ご朱印代は別途

▲枯山水石庭では大師入定を二十一石で表し、東に薬師、西に阿弥陀、南に釈迦如来を祀る

知多西国三十三観音
**第九番**

MAP P13-9

知多四国第四十七番

# 井際山 持《じ》宝《ほう》院《いん》

■宗派　真言宗豊山派
■開基　行基
■開山　金尊上人
■本尊　如意輪観音菩薩

**ご詠歌**

つくづくと
思えばうれし
馬場村の
寺に参れば
浮かむ我が身を

## 松尾芭蕉の句が残る景勝地「山寺観音」

かつては桜の名所と知られ、江戸時代の地誌「尾張名所図絵」に「山寺桜」として描かれた景勝地であった持宝院。奈良時代の神亀年間（七二四～二九）、行基開創といわれる一山九坊の巨刹で、真言宗観福寺の一院でしたが、戦国の乱世を経て現在地に移転し、中興開山の金尊上人によって復興されました。地元人からは「山寺観音」と愛称され、祈祷寺としても篤い信仰を集めています。

山門から境内への間には、弘法大師が巡錫《じゅんしゃく》の際に加持修行をしたという「とどろきの井戸」が残っています。また、弁財天が祀られる池にはレンガ造りの小さな眼鏡橋が渡り、風情ある情景に心打たれることでしょう。季節になると紫陽花が咲き乱れる長い石段を上り、趣深い本堂へ。山寺の呼称に相応しく、境内には樹木が繁り、桜や楓などの花木も2000本を超えるといわれ、多くの俳人や墨客が訪れては知多随一と称えられる眺望を楽しんだと伝えられています。

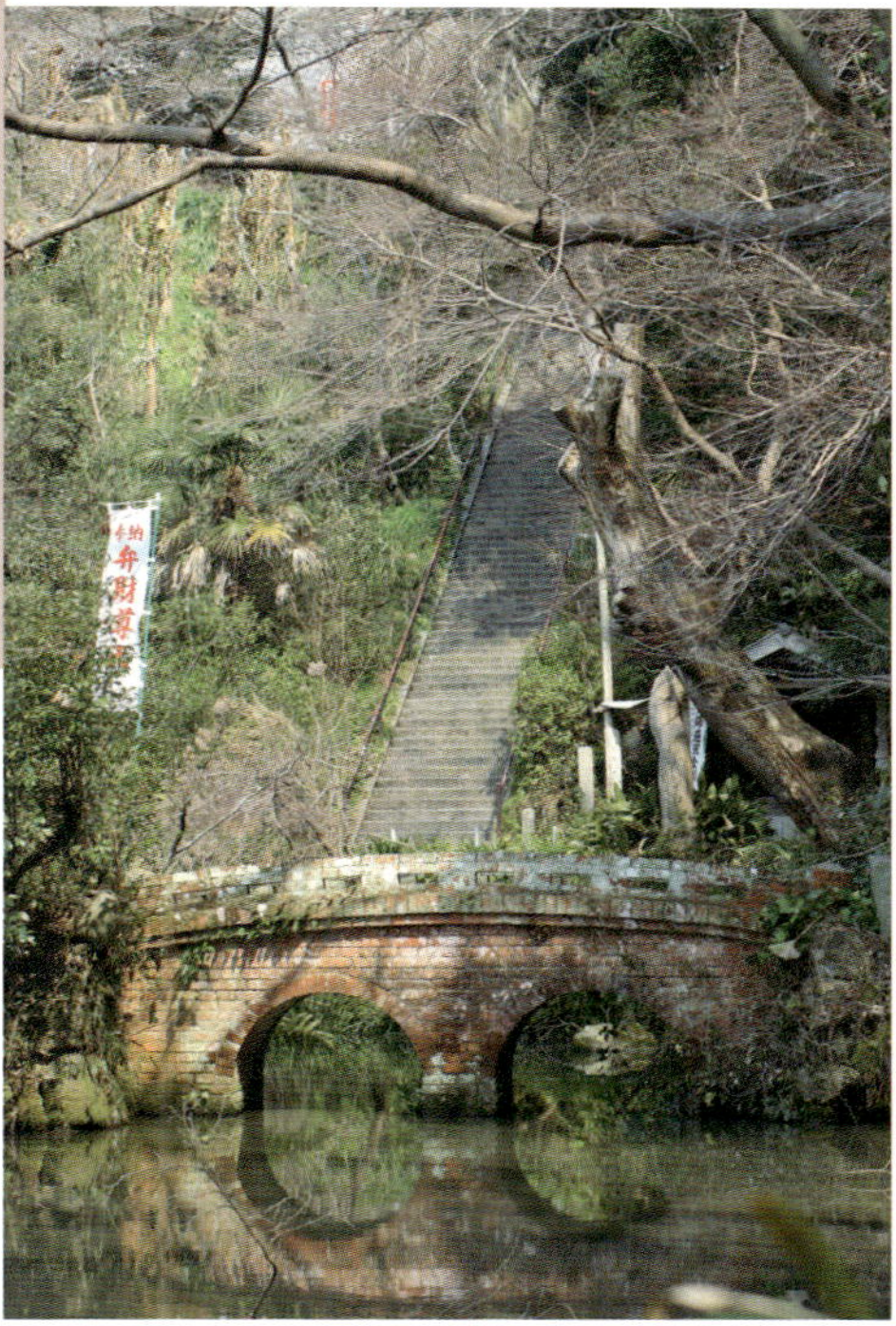

▲弁財天を祀る池にかかる眼鏡橋を渡ると観音様がずらりと並ぶ

▲弘法大師の修行跡「とどろきの井戸」が今もなお残されている

▲石段手前の右手にある、弘法大師をお祀りする岩で出来た祠

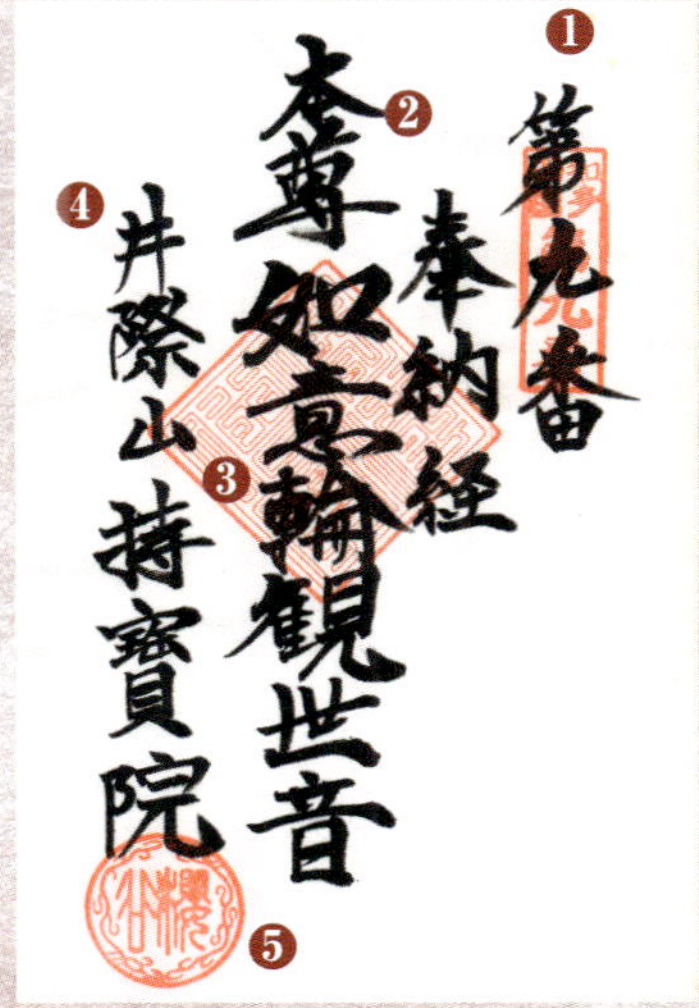


❶ 知多西国第九番
❷ 本尊　如意輪観世音
❸ 三宝印（仏法僧宝）
❹ 井際山　持宝院
❺ 櫻谷

## 巡礼の旅情報

「花ざかり　山は日ごろの　朝ぼらけ」という松尾芭蕉の句が残されています。室町時代の様式を模した美しい枯山水の石庭があります。

■所在地
愛知県知多郡南知多町大字内海字林之峯66

■電話
0569-62-0498

■アクセス
名鉄知多新線「内海駅」より、北へ
徒歩約8分

■駐車場
あり（20台）

■拝観時間
3月～9月 6:00～18:00
10月～2月 7:00～17:00

■拝観料
無料　※ご朱印代は別途

■HP
http://koubousama.p-kit.com/

知多西国三十三観音
**第十番**

MAP P14-⑩

知多四国第五十八番

# 金光山
# 来《らい》応《おう》寺《じ》

▲境内の一角には、地域功労者の胸像と坐像があり地元の人々の信仰の篤さがわかる

■宗派　曹洞宗
■開基　来應善荷座主
■開山　一翁得公和尚
■本尊　如意輪観音菩薩

**ご詠歌**

つみびとや
慈悲のみのりに
大谷の
清水にそそぐ
ここちこそすれ

## 商売繁盛にご利益のある分身五十八番弘法大師

天正10年（一五八二）に創建され、来応寺の境内には、「分身五十八番弘法大師」が祀られています。かつて名古屋で建材店を営む寺尾勝治郎のもとに泥まみれの仏像が持ち込まれ、泥を洗って落としてみると知多四国五十八番所である同寺の弘法大師と酷似。この大師を祀ると商売繁盛・万事順調になったことから、大勢の人がご利益にあずかれるよう寄進したものと伝えられています。「分身弘法大師様を信心すれば、心和らぎ福徳は円満し、諸縁はすべて意の如く吉兆になる」といわれ、特に商売繁盛にご利益があると篤い信仰を集めています。

石柱門の山門をくぐり歩を進めると、玉砂利が敷き詰められた境内に本堂、来応寺弘法堂が並びます。安産にご利益のある子安地蔵尊のほか、村人が苦しまずぽっくり往生するように祈りを込め祀られた、霊験あらたかな「ぽっくり地蔵」も安置されています。

▲首のないお地蔵さまが祀られる「ぽっくり地蔵堂」

▲納経所で「ぽっくり地蔵のご分身（500円）」が購入できる

▲境内にある小屋では地元産の野菜、果物、乾物などを販売

❶知多西国第十番
❷本尊　如意輪観世音
❸三宝印（仏法僧宝）
❹金光山　来應寺
❺大谷来應寺

## 巡礼の旅情報

手入れの行き届いた美しい境内で清々しい気分に浸れます。分身弘法は、福徳円満で諸縁吉祥の有り難い弘法。子安地蔵は「腹掛地蔵」と呼ばれ安産にご利益あり

■所在地
愛知県常滑市大谷奥條27

■電話
0569-37-0447

■アクセス
名鉄常滑線「常滑駅」より知多乗合バス常滑南部線で「大谷」下車、徒歩約10分

■駐車場
あり（5台）

■拝観時間
3月～9月 8:00～18:00
10月～2月 7:00～17:00

■拝観料
無料　※ご朱印代は別途

▲本堂欄間の躍動感あふれる彫刻は、立川流の彫刻師である中野甚右衛門重富の作

知多西国三十三観音
# 第十一番

MAP P14-⑪

知多四国第六十番

大光山
# 安《あん》楽《らく》寺《じ》

▲四国の形をした珍しいお砂踏み霊場

▲境内の石や砂紋を配した美しい庭園

■宗派　曹洞宗
■開基　長安久公和尚
■開山　禹功龍門大和尚
■本尊　阿弥陀如来

**ご詠歌**

もとよりも
地水火風の
苅屋村
さながら法の
おしへなりけり

## 四国を模した珍しいお砂踏み霊場

安楽寺は天正14年（一五八六）に、長安久公和尚によって開山。本尊の阿弥陀如来像は行基の作と伝えられ、開山前、天文6年（一五三七）に織田・今川が交戦した際に、高讃寺（P37）より移され安置されました。平成18年には、四国の地形をかたどった「本四国お砂踏み霊場」が設えられ、中心には十三重の宝塔、隣接して修行大師像が祀られています。平成27年に本堂北側大屋根が陥没しましたが、29年11月に再建されました。

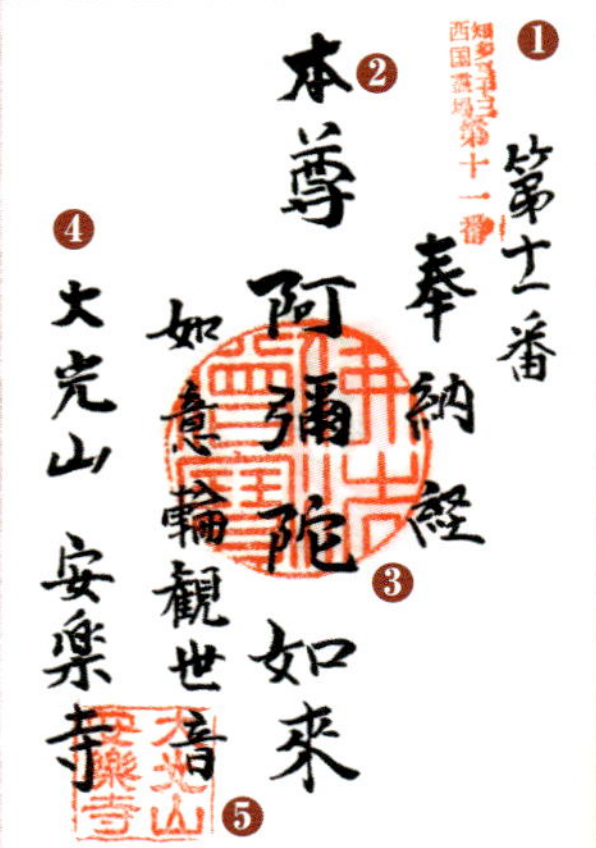


❶ 知多三十三西国霊場第十一番
❷ 本尊　阿弥陀如来
如意輪観世音
❸ 三宝印（仏法僧宝）
❹ 大光山　安楽寺
❺ 大光山安楽寺

■所在地愛知県常滑市苅屋字深田101　■電話0569-34-3800
■アクセス名鉄常滑線「常滑駅」下車、知多乗合バス常滑南部線「苅屋」より、徒歩約4分　■駐車場あり（80台）
■拝観時間3月～9月6:00～18:00　10月～2月7:00～17:00
■拝観料無料 ※ご朱印代は別途

知多西国三十三観音
# 第十二番

MAP P14-⑫

知多四国第六十一番

# 御嶽山 高《こう》讃《さん》寺《じ》

▲迫力のある仁王門。知多半島最大、高さ約 3m の木造仁王像は鎌倉時代の作で県指定文化財

▲聖観音菩薩立像がある客殿

▲春咲きのツバキは樹齢約350年の古木

■宗派　天台宗
■開基　天武天皇
■開山　行基
■本尊　聖観音菩薩

## ご詠歌

まもりたも
朝夕ならで
たのむみは
あのくぼだいの
ためにありける

## 四季折々の美しさは札所随一

別名「ツバキの寺」としても広く知られ、岩屋寺（P20）、観福寺（P52）とともに知多三山の一つとして数えられます。白鳳12年（六八四）に行基が天武天皇の勅願寺として開基されたと伝えられ、当時は七堂伽藍、三百坊の僧院をもつ、国内随一の大刹であったと「尾張志」に記されたほどです。しかし、天文6年（一五三七）の織田・今川の戦火、さらに文禄年間（一五九二～九六）の兵火により、現在は南坊一院だけを残しています。

❶知多西国第十二番
❷本尊　聖観世音
❸聖観世音を表す梵字
❹阿野　高讃寺
❺御嶽山高讃寺納経所

■所在地愛知県常滑市西阿野字阿野峪71　■電話0569-35-3175
■アクセス名鉄常滑線「常滑駅」下車、知多乗合バス常滑南部線「阿野」下車、徒歩約1分　■駐車場あり（15台）
■拝観時間3月～9月9:00～18:00　10月～2月7:00～17:00
■拝観料無料　※ご朱印代は別途

知多西国三十三観音

# 第十三番

MAP P14-13

知多四国第六十二番
法然知多第十二番

## 御嶽山 洞《とう》雲《うん》寺《じ》

▲観音様が迎える本堂。市指定文化財の阿弥陀如来坐像が安置されている

■宗派　西山浄土宗
■開基　不詳
■開山　善海法師
■本尊　阿弥陀如来

**ご詠歌**

ちはやふる
ねひ観音の
ちからにや
いしょく垂水の
住吉の松

### 多くの巡礼・巡拝者が訪れる念仏信仰を継承する寺院

洞雲寺は弘治元年（一五五五）に善海法師により開山されました。白鳳年間、愛知県常滑市樽水の奥には聖武天皇の勅願を受けた行基が天竺の香木をもって聖観音菩薩像を刻み、御嶽山に安置し、七堂伽藍、三百の坊を有した知多半島第一の巨刹「御嶽三百坊」を建立されました。しかし、天文6年（一五三七）の兵火により御嶽山の伽藍坊舎はことごとく焼失。諸堂の焼失より難を逃れるため、仏像は池に沈められ、田畑に埋められて守られたと伝えられています。後、御嶽池の改浚の折、御本尊であります阿弥陀如来（平安末期作）が池中より出現。この尊い法縁を賜り念仏信仰の場として寺院が建立されました。これが現在の洞雲寺の始まりです。その後、念仏の道場としてその法灯を継承しています。観音堂には、秘仏である聖観音菩薩立像が安置されています。こちらは恵心僧都《えしんそうず》作と伝わります。

また、観音菩薩の巡礼（知多西国第13番札所）、弘法大師の巡拝（知多四国第62番札所）をはじめ、法然上人のお念仏を歓ぶ「法然上人知多二十五霊場」の第12番札所としても多くの方が参詣されています。

▲観音堂。堂内の「むねなで大師」は篤く信仰されている

▲本堂に安置されている寧護大師が人気。表裏の両面像

▲観音堂にある観音様の手。患部をさするとご利益が

▲境内にはたくさんの蓮が。シーズンには美しい花が見られる

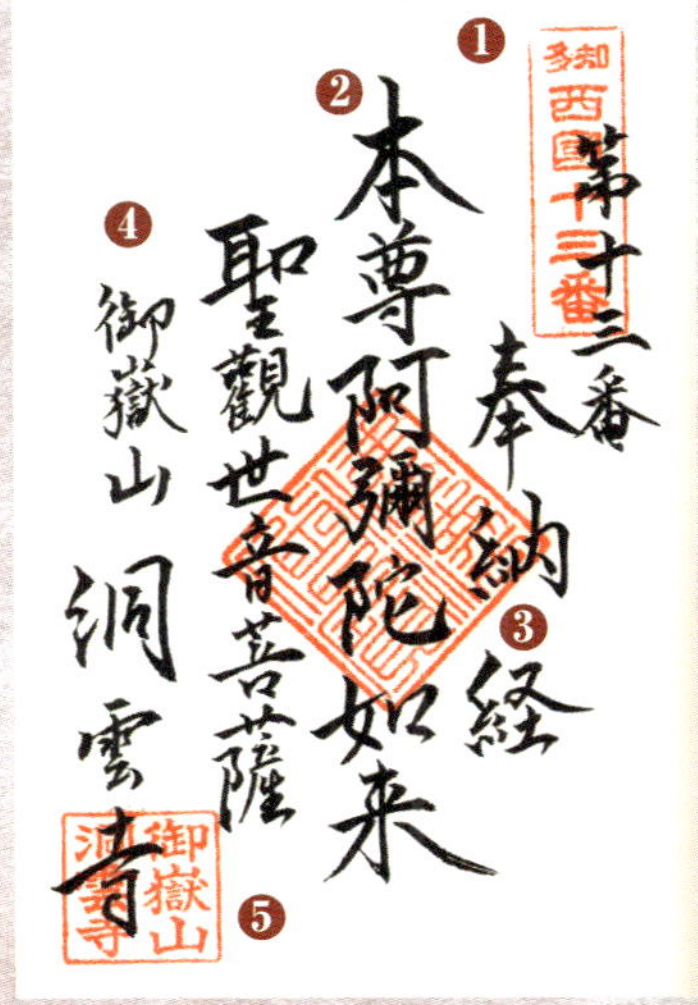


❶ 知多西国十三番
❷ 本尊　阿弥陀如来
聖観世音菩薩
❸ 三宝印（仏法僧宝）
❹ 御嶽山　洞雲寺
❺ 御嶽山洞雲寺

## 巡礼の旅情報

平安末期作といわれる本尊の阿弥陀如来坐像は市指定文化財。蓮の花が美しい寺としてもしられ、初夏には本堂前を蓮の花が美しく飾ります。

■所在地
愛知県常滑市井戸田町2-37
■電話
0569-35-2705
■アクセス
名鉄常滑線「常滑駅」より、知多乗合バス「南樽水」下車、東へ徒歩５分、
■駐車場
あり（10台）
■拝観時間
3月～9月 6:00～18:00
10月～2月 7:00～17:00
■拝観料
無料　※ご朱印代は別途
■HP
http://park23.wakwak.com/~touunji/

▲本堂には本尊の十一面観音、両脇立不動明王、毘沙門天の三尊が祀られ、毎年３月第二日曜の毘沙門天大般若会にご開帳される

知多西国三十三観音
**第十四番**

MAP P14-14

知多四国第六十三番

# 補陀落山 大《だい》善《ぜん》院《いん》

■宗派　真言宗豊山派
■開基　養春上人
■開山　興覚法印
■本尊　十一面観音菩薩

**ご詠歌**

立ちかへり
たれか見ざらん
常滑の
御法のにわの
阿宇のびゃくしん

## 樹齢600年の大イブキに守られる大善院

白鳳12年（六八四）、天武天皇の勅願所として西阿野村御嶽山一帯に、七堂伽藍三百坊の僧院が創建されましたが、戦渦などで次第に荒廃の途を辿り、これを嘆いた時の僧・養春上人が一坊の本尊十一面観音菩薩を、観音様の浄土に相応しい現在の地へ移したことが始まりとされています。弘仁年間、空海上人ご巡錫の折御自作見護弘法大師と加持霊水が残されています

文明元年（一四六九）、常滑城初代城主水野忠綱《みずのただつな》は領内安全の悲願のもと、当院が常滑城の鬼門にあたることから、新たに鎌倉鉈彫り様式の十一面観音菩薩を彫像し、大善院を本坊とする補陀落山観蓮寺六坊を再建。中興開山第一世興覚法印が入寺し復興の基礎が固められました。

明応3年（一四九四）には、常滑千代之峯総社から祭神を分祀し、当山鎮守中の宮（素戔嗚尊・本地別名牛頭天王）を奉祀、夏に天王祭りが続けられています。本堂裏に明治28年開創本四国お砂踏み霊場が並び、周辺はヤブツバキ群生地になっています。

▲御神木、樹齢約600年の大イブキは県指定天然記念物

▲橋本関雪の宝塚別邸アトリエを移築した冬花庵観音堂

▲イブキの下にある阿字の石。大イブキは柏槙という

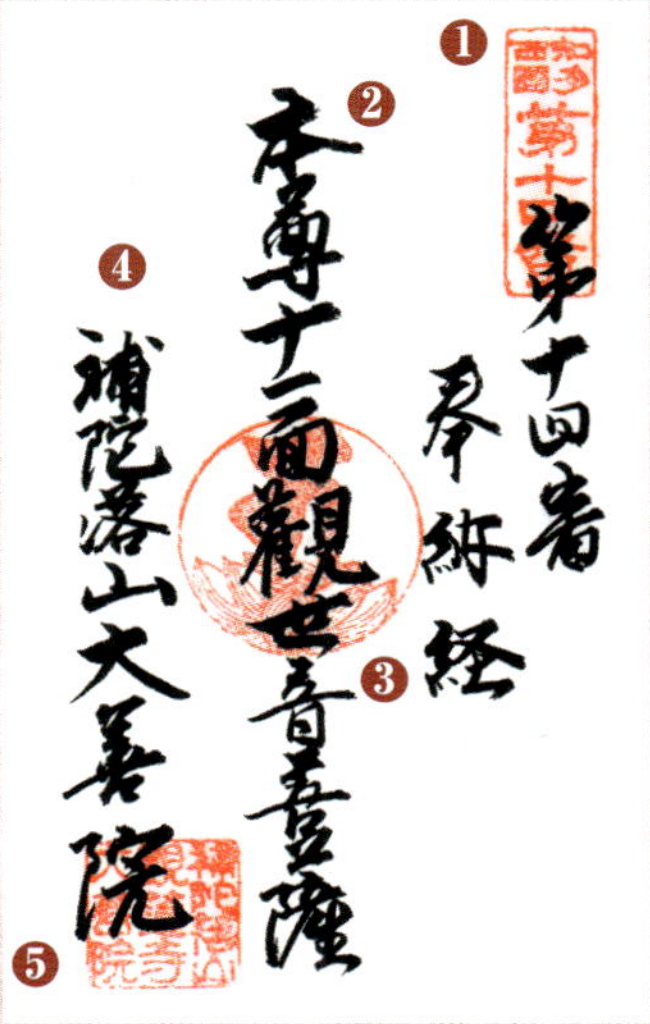


❶ 知多西国第十四番
❷ 本尊　十一面観世音菩薩
❸ 十一面観音を表す梵字
❹ 補陀落山　大善院
❺ 補陀落山観蓮寺大善院

## 巡礼の旅情報

道路から境内を区切るイブキを囲む穴が開いた常滑焼のブロック塀は、大善院陶製建材資料群として、文化庁国立近現代建築館保存資料に2013年登録された。

■所在地
愛知県常滑市奥条5-20

■電話
0569-35-3430

■アクセス
名鉄常滑線「常滑駅」から知多乗合バス「INAXライブミュージアム」下車、北東へ徒歩約５分

■駐車場
あり（35台）

■拝観時間
3月～9月 6:00～18:00
10月～2月 7:00～17:00

■拝観料
無料　※ご朱印代は別途

■HP
http://www.daizenin.org

知多西国三十三観音
## 第十五番

MAP P15-⑮

知多四国第六十六番

# 八景山 中《なか》之《の》坊《ぼう》寺《じ》

▲向かって右手が本堂、左手が弘法堂

▲霊験あらたかな黒弘法様

▲この寺のシンボルのひとつタヌキ像

■宗派　真言宗智山派
■開基　聖徳太子
■開山　秀雅法印
■本尊　十一面観音菩薩

**ご詠歌**

ふきはらい
つくりし罪は
おもくとも
石瀬の山の
みねの松風

## 多くの寺宝が物語る歴史

中之坊寺は、聖徳太子開創といわれる宮山地区の金蓮寺一山九ヶ寺中の一坊として、天文年間（一五三二〜五五）、金蓮寺院家宝珠院の秀雅《しゅうが》法印によって開創されました。寺宝も多く、「絹本着色仏涅槃図《けんぽんちゃくしょくほとけねはんず》」は国の指定文化財に、市の文化財の五幅の仏画もあり、特に愛染明王を描いた仏画は室町前期の本格的な作品です（現在、常滑市に寄託）。弘法様は悪疫除けや虫封じにご利益があるとされ「黒弘法さん」と呼ばれ信仰を集めています。

❶知多西国第十五番
❷本尊　十一面観世音菩薩
❸仏を表す梵字
❹八景山　中之坊寺
❺中之坊寺

■所在地愛知県常滑市金山字屋敷25
■電話0569-42-2139　■アクセス名鉄常滑線「大野町駅」より、徒歩約14分　■駐車場あり（10台）
■拝観時間3月〜9月8:00〜18:00　10月〜2月7:00〜17:00
■拝観料無料　※ご朱印代は別途

知多西国三十三観音
**第十六番**

MAP P15-16

知多四国第六十七番

# 松尾山 三《さん》光《こう》院《いん》

- ■宗派　時宗
- ■開基　一色道秀
- ■開山　即伝上人
- ■本尊　聖観音菩薩

**ご詠歌**

きくやいに
高き石山
みなひとの
小倉の里の
いりあいの鐘

▲聖観音立像は藤原中期の作といわれ、等身大のクスノキ一本造りで、常滑市の文化財に指定

▲佐治氏の墓「寿山塚」。病気平癒にご利益が

▲「衣掛けの松」は、お江ゆかりの松

## 大野城主とお江ゆかりの寺

正和3年（一三一四）、小倉山蓮台寺十七坊の一院として創建された三光院は、蓮台寺の鬼門除けを担っていました。大野城歴代城主である一色氏、佐治氏の庇護を受け繁栄しましたが、大野城の落城とともに、寺領も衰退へ。慶長5年（一六〇〇）には九鬼氏により、寺の記録や什物のほとんどが焼失。大野城初代城主の佐治宗貞《さじむねさだ》の墓「寿山塚」をはじめ、四代一成の妻お江（織田信長の姪）にゆかりのある「衣掛けの松」、「開かずの門」などがあります。

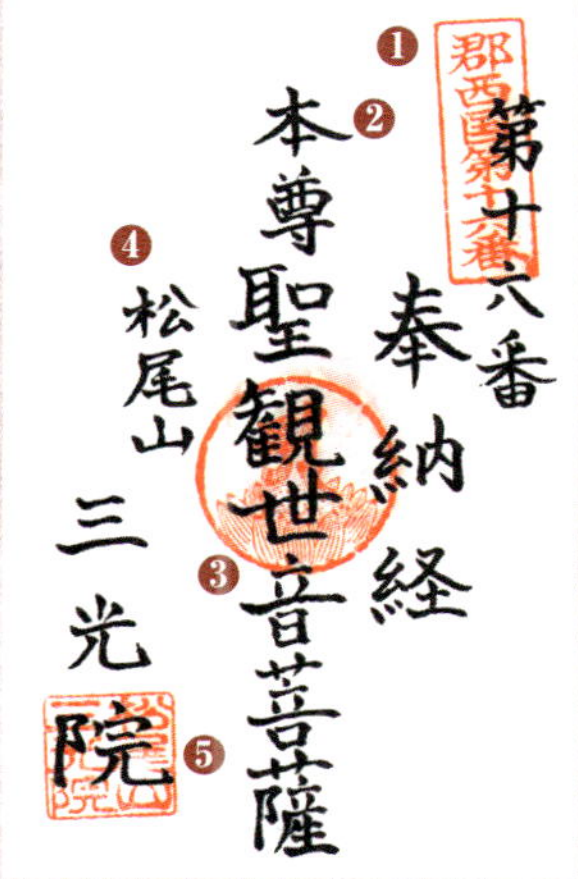


1. 郡西国第十六番
2. 本尊　聖観世音菩薩
3. 聖観音を表す梵字
4. 松尾山　三光院
5. 松尾山三光院

■所在地愛知県常滑市小倉町5-66
■電話0569-42-2429　■アクセス名鉄常滑線「大野町駅」より、徒歩約6分　■駐車場あり（10台）
■拝観時間3月～9月6:00～18:00　10月～2月7:00～17:00
■拝観料無料 ※ご朱印代は別途

知多西国三十三観音
# 第十七番

MAP P15-17

知多四国第六十九番

## 宝苑山
# 慈《じ》光《こう》寺《じ》

| | |
|---|---|
| ■宗派 | 臨済宗妙心寺派 |
| ■開基 | 一色修理大夫満範 |
| ■開山 | 円覚寺清源大和尚 |
| ■本尊 | 聖観音菩薩 |

**ご詠歌**

罪深き
みのりの月に
大草の
山のはごとに
かかる薄雲

▲隅々まで整備された境内に建つ本堂には、厄除聖観音が祀られている

## 願い石の穴から弘法様を覗いて大願成就を願う

応永元年（一三九四）、大野城主一色修理太夫・源満範《みなもとのみつのり》が鎌倉円覚寺から名僧清源禅師を招き、城主の菩提寺として開山しました。境内には満範と臨済宗大本山鎌倉円覚寺の清源禅師二人による手植えの椎の巨木が、６００年余り世の移り変わりを見守ってきました。本尊の厄除聖観音菩薩は、仏師春日定朝が42歳の厄年の時に、一刀三礼して作りました。そのため、厄除観音として信仰されるようになりました。

大正7年に改築された弘法堂は、昭和16年に大規模な修理が施され、天井には川合玉堂《かわいぎょくどう》の弟子の川合玉琴《かわいぎょくきん》の手による花鳥風月図が描かれています。その弘法堂の前には、真ん中に縦長の穴の空いた「願い石」があり、この穴からお堂の大師像を覗いてお願いすると諸願成就するといわれています。大師堂の左には赤く塗られた茶吉尼天堂《だきにてんどう》があり、「商売繁盛の神様」として信仰を集めています。

▲商売繁盛の神様として信仰を集める荼吉尼天堂

▲源満範と清源禅師による手植えの椎の巨木

▲願い石の穴から弘法様にお願いを

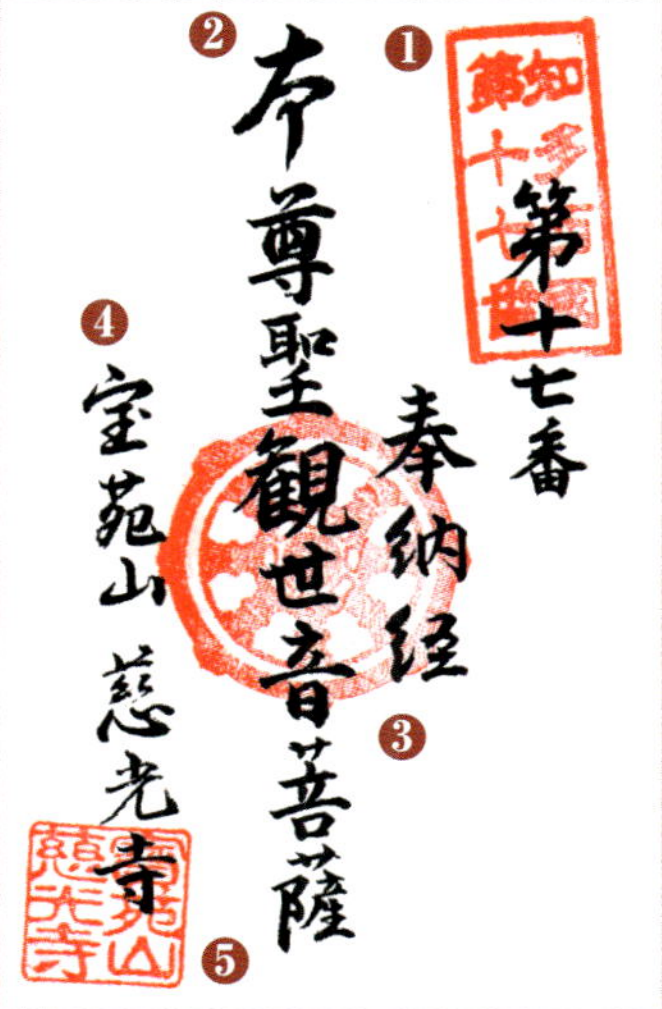


❶知多西国第十七番
❷本尊　聖観世音菩薩
❸本尊を表す印
❹宝苑山　慈光寺
❺宝苑山慈光寺

## 巡礼の旅情報

現在の本堂は国内の天然檜を使い、昭和38年に5年間をかけて建てられました。弘法堂と併せ、趣ある雰囲気が漂います。

■所在地
愛知県知多市大草字西屋敷3
■電話
0569-42-1246
■アクセス
名鉄常滑線「大野町駅」より、徒歩約10分
■駐車場
あり（60台）
■拝観時間
3月～9月 6:00～18:00
10月～2月 7:00～17:00
■拝観料
無料　※ご朱印代は別途

知多西国三十三観音
**第十八番**

MAP P15-18

知多四国第七十一番

# 金照山 大《だい》智《ち》院《いん》

▲老翁の身代わりになった、めがねをかけた弘法大師像が鎮座している

■宗派　真言宗智山派
■開基　聖徳太子
■開山　紹長上人
■本尊　聖観音菩薩
　　　　前立馬頭観音菩薩

**ご詠歌**

みわたせば
沖つ白波
我れ人も
粕谷のもりの
夕暮れの空

## めがねをかけた弘法大師像は目の病にご利益あり

本尊・聖観音菩薩、前立・馬頭観音菩薩を安置する名刹、金照山清水寺《きんしょうざんせいすいじ》大智院は、聖徳太子の開基と伝えられています。文明2年、寺内の興隆をはかり、次いで明応7年、紹長和尚の時に、大野・宮前城主の佐治伊賀守為永の祈願所となりました。当初は「楊柳山」と号していましたが、天正年間の戦乱にも兵火のかかることを免れたことから、元禄5年に「金照山」と改め現在に至っています。弘法大師が知多巡錫のときに自らの尊像を残し「身代大師」としました。安政7年（一八六〇）に盲目の浅吉《あさきち》翁が身代大師に一心にすがったところ、身代大師の左目に傷がつくと同時に、浅吉翁の目が見えるようになりました。以来、翁の残した眼鏡をかけられていることから「めがね弘法」と呼ばれるようになりました。

境内には、健眼を願う方々の身体の一部として使用された、めがねやコンタクト等を供養して納める「めがね塚」があり、再利用可能なものはスリランカなどに寄贈されています。

▲めがねやコンタクト等を供養して納める「めがね塚」

▲身代大師に詣でる人でにぎわう

▲「金照堂薬房」で眼病予防のめぐすりなどを販売

▲ご朱印をいただくのは弘法堂の右の納経所で

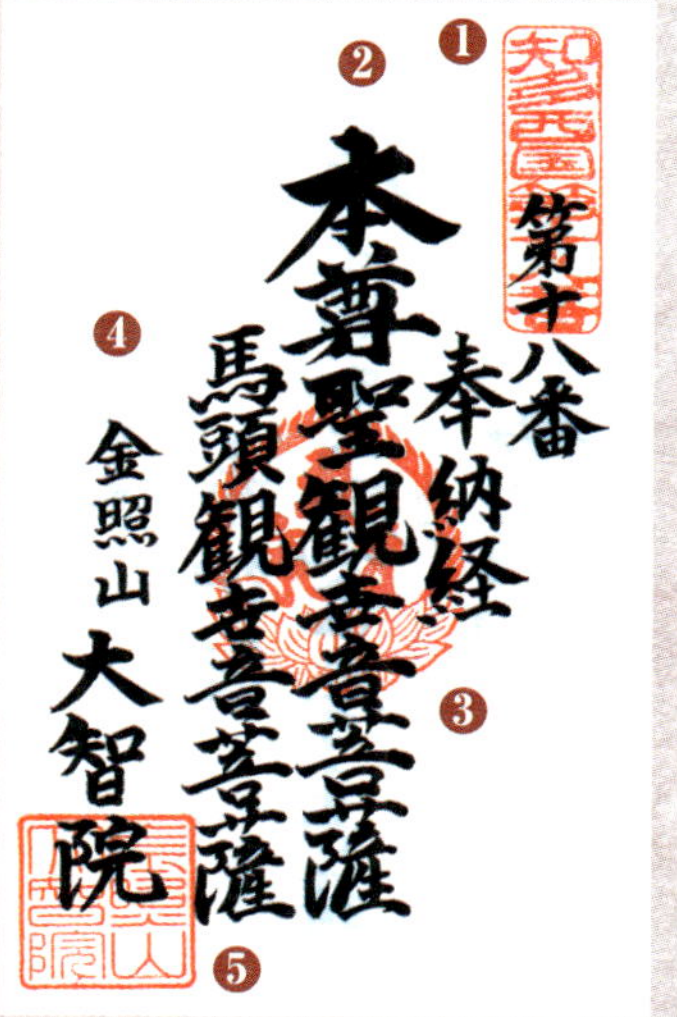


❶ 知多西国第十八番
❷ 本尊　聖観世音菩薩
馬頭観世音菩薩
❸ 梵字の聖観音（上）
馬頭観音（左）隋求明王（右）
❹ 金照山　大智院
❺ 金照山大智院

## 巡礼の旅情報

ご朱印を受けると目に良いブルーベリーの飴がいただけます。このお寺ならではの心遣いに感激します。

■所在地
愛知県知多市南粕谷本町1-196

■電話
0569-42-0909

■アクセス
名鉄常滑線「新舞子駅」より、徒歩約20分

■駐車場
あり（60台＋大型4台）

■拝観時間
3月～9月 6:00～18:00
10月～2月 7:00～17:00

■拝観料
無料　※ご朱印代は別途

■HP
http://www.daichiin.jp

知多西国三十三観音
**第十九番**

MAP P15-19

知多四国第七十二番

# 白華山 慈《じ》雲《うん》寺《じ》

▲平成18年に修復された本堂が威風堂々と建ち、同時に新築された開山堂も配されている

■宗派　臨済宗妙心寺派
■開基　一色修理大夫範光
■開山　夢窓国師
■本尊　千手千眼観音菩薩

**ご詠歌**

みはひとつ
のりの岡田の
むらしぐれ
はれまなきよの
わが心かな

## 霊場屈指の美観を有した禅古刹寺院

観応元年（一三五〇）創建。足利尊氏《あしかがたかうじ》の一門で大野城主であった一色修理大夫範光《いっしきしゅりだゆうのりみつ》が開基、夢窓国師が開山の臨済宗妙心寺派十刹の一つに数えられます。京都大徳寺管長の松岡寛《まつおかかん》慶《けい》老師、妙心寺派四派の一つ霊雲院に住職した柴田慈孝老師など、多くの傑僧を輩出しています。この寺は明暦元年（一六五五）に全焼、多くの宝物や文化財を失いましたが、唯一焼失をまぬがれた観音堂は室町時代の代表的建築物と言われています。恵心僧都作の本尊・千手千眼観音菩薩は範光の念持仏でした。寺宝には範光愛用の「兼光《かねみつ》の刀」、一条兼良の「一色禅門悼文」などが残されています。

ある夏、日照りに悩んだ村人たちは、慈雲寺の和尚に相談に行きました。和尚は一対の古い壷を持ってきて観音堂の裏の池の水をくみ、観音様に一心に祈ったところ、天の水をひっくりかえしたように雨が降り始めたという逸話もあり、「雨乞いの壷」は寺宝になっています。

▲観音堂内にはご本尊のほかに、三十三観音などが安置

▲室町時代初期の代表的な建築とされる観音堂

▲霊場屈指の美観として多くの参拝客から愛されている

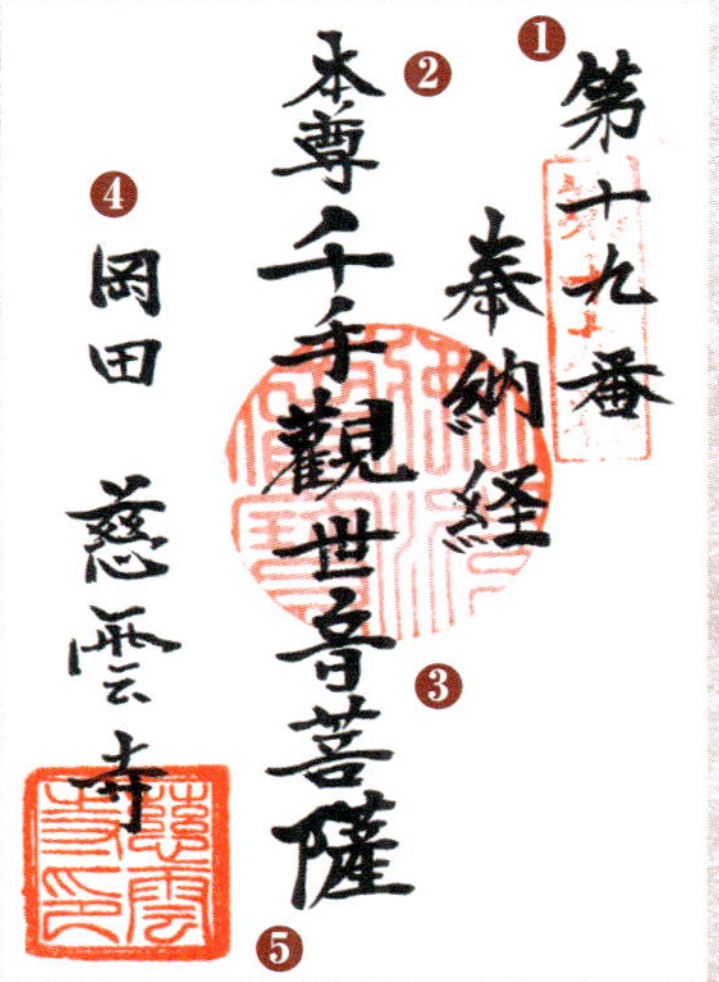


❶ 知多西国第十九番
❷ 本尊　千手観世音菩薩
❸ 三宝印（仏法僧宝）
❹ 岡田　慈雲寺
❺ 慈雲寺印

## 巡礼の旅情報

観音堂は、万治元年（1660）3月、尾張藩寺頭・寺尾直龍によって再建され、江戸時代はこの観音堂が本堂でした。境内の墓地に、一色範光の墓があります。

■所在地
愛知県知多市岡田字太郎坊108

■電話
0562-55-3082

■アクセス
名鉄常滑線「朝倉駅」より、知多乗合バス「大門前」下車すぐ

■駐車場
あり（50台）

■拝観時間
3月～9月 6:00～18:00
10月～2月 7:00～17:00

■拝観料
無料　※ご朱印代は別途

▲山門の両脇に真っ赤な仁王さんが立っており、山門をくぐると楠の巨木がある

知多西国三十三観音
**第二十番**

MAP P15-20

知多四国第八十番

# 海嶋山 栖《せい》光《こう》院《いん》

■宗派　曹洞宗
■開基　智翁恵了和尚
■開山　拙堂魯中大和尚
■本尊　大日如来

**ご詠歌**

にごりえに
清き光や
寺本の
誓いの舟の
あるにまかせて

## 樹齢８００年の大楠に守られた寺院

樹齢８００年ともいわれる楠の大樹に立派な仁王門と、見事な景観を誇る栖光院。開創は元亀元年（一五七〇～七三）以前の戦国時代と伝えられ、もとは海嶋山慈眼寺と称し、栖光庵、慈林坊を末寺に持つ真言宗の寺でしたが、天正5年（一五七七）に恵了和尚が栖光庵一寺に合併し、曹洞宗に改宗されました。観音堂は寛文2年（一六六二）に再建され、釘を一切使わず縄で縛って建てられたと伝えられています。

聖観音菩薩は、仏師春日の作とされ33年に1度の開帳法要が営まれています。多くの巡拝者が往来する裏山へ続く石段には、四国八十八ヵ所の石仏「準四国八十八ヶ所」が並んで安置されています。

切妻造の旧本堂は解体され、平成30年、入母屋造の新本堂が建設されている。

▲石段を登った正面にある観音堂

▲石仏が所狭しと安置してある境内は神秘的な雰囲気

▲樹齢約 800 年ともいわれる楠の木

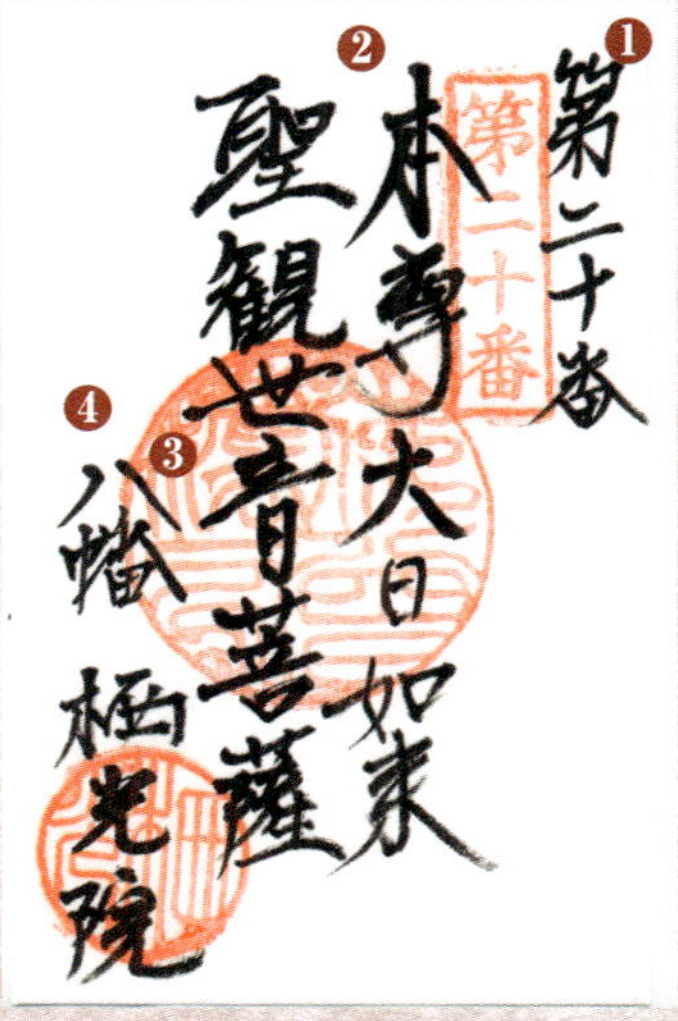


❶第二十番
❷本尊大日如来　聖観世音
❸三宝印（仏法僧宝）
❹八幡　栖光院

## 巡礼の旅情報

寺宝となっている尺八には、約300年前の第七代住職の石城和尚と、虚無僧との不思議な尺八伝説が伝えられています。詳しくはお寺でお聞きください。

■所在地
愛知県知多市八幡字観音脇25

■電話
0562-32-1557

■アクセス
名鉄常滑線「朝倉駅」より、徒歩約15分

■駐車場
あり（20台）

■拝観時間
3月～9月 6:00～18:00
10月～2月 7:00～17:00

■拝観料
無料　※ご朱印代は別途

▲木造建造物として貴重な本堂。愛知県指定文化財に登録されている

知多西国三十三観音
第二十一番

MAP P14-21

知多四国第八十二番

# 雨尾山 観《かん》福《ぷく》寺《じ》

■宗派　天台宗
■開基　行基
■開山　不詳
■本尊　十一面観音菩薩

**ご詠歌**

福聚海
無量やてらす
木田の里
人の心の
清き流れを

## 知多三山のひとつに数えられる尾張徳川ゆかりの寺

南知多の岩屋寺（P20）、常滑の高讃寺（P37）と並び、知多三山のひとつに数えられる観福寺は、大宝2年（七〇二）に行基により開基されました。現在の本堂は寛文5年（一六六五年）に尾張二代藩主徳川光友《とくがわみつとも》により再建されました。本尊の十一面観音菩薩を安置する宮殿は、桁行一間、梁間一間の入母屋造で、背面板壁の墨書により宝治2年（一二四八）の建築と知られ、年代の確認できる基準作として、国の重要文化財に指定されています。本堂、本尊は県指定、涅槃図、曼荼羅図は東海市指定文化財です。また境内のツブラシイ、クスノキなどが保存樹木となっています。山門前の立派な紅白椿の木は、文化6年（一八〇九）、亮山阿闍梨《りょうざんあじゃり》が知多四国霊場開創を発願し、苦労の末16年目に大願成就した時に植えたお手植えの記念樹です。伊勢湾台風により大きな被害をうけ、檀家のない寺だったために再建に苦労しましたが、地域の方々の努力で昭和40年に現在の姿を取り戻しました。

▲深い歴史がある山門前の紅白椿の木

▲古い絵馬などが多数奉納されている

▲叩くと金属音がする本堂脇にある石。金運成就の石と伝わる

❶知多西国第二十一番
❷本尊　十一面観音
❸三宝印（仏法僧宝）
❹雨尾山　観福寺
❺観福寺印

## 巡礼の旅情報

本堂は愛知県内にある近世の密教寺院本堂としては、減柱造（柱を少なくして空間を広くする建築方法）という手法を取り入れた現存する貴重な建造物です。

■所在地
愛知県東海市大田町天神下ノ上5
■電話
0562-32-7785
■アクセス
名鉄常滑線「高横須賀駅」より、
徒歩約20分
■駐車場
あり（15台）
■拝観時間
3月～9月 6:00～18:00
10月～2月 7:00～17:00
■拝観料
無料　※ご朱印代は別途

知多西国三十三観音
第二十二番

MAP P14-22

知多四国第八十四番

# 瑞雲山 玄《げん》猷《にゅう》寺《じ》

▲平成19年に落慶された本堂。十一面観音菩薩、毘沙門天、不動明王が祀られている

■宗派　曹洞宗
■開基　夢窓国師
■開山　在室岱存大和尚
■本尊　十一面観音菩薩

**ご詠歌**

慈悲の雲
たなびき渡る
姫島の
さとのあなたに
照らす月影

## 戦国時代の歴史を伝える寺宝の聖徳太子像

暦応2年（一三三九）臨済宗天龍寺派の開祖夢窓国師《むそうこくし》が、後醍醐天皇の菩提を弔うため、草庵であった当寺を本格的な寺として建設し勅願所として建立。「玄猷」という寺号は、夢窓国師が歴代天皇から賜った7つの諡のうちの1つ。後円融天皇から賜った「玄猷国師」が、そのまま寺号となりました。慶長5年（一六〇〇）4月、加木屋村の法幢山普済寺の五世在室岱存大和尚によって曹洞宗に改宗され復興、普済寺の末寺となりました。その後、幕末に大火によって全山焼失。明治33年（一九〇〇）9月に、川名の太平寺十三世住職の玄機大雄大和尚により「法地」に格上げされ、玄機大雄大和尚が二世住職となりました。知多四国霊場開創200年の年（二〇〇八）に境内の本格的な復興を祈願し再興がなされました。

寺宝には、比叡山延暦寺鶏足院《けいそくいん》の寺宝だったとされる聖徳太子像があり、織田信長が焼き討ちした際に、羽柴秀吉配下の足軽が郷里のこの寺に持ち帰り納めたと伝わっています。

▲極彩色の四天王像を安置する楼門。2 階には釈迦如来を安置

▲裏手にある巨大な涅槃像（永代供養塔）

▲昭和 9 年建造の弘法堂。平成 22 年 3 月に修復移築された

❶ 知多西国第二十二番
❷ 本尊　十一面観世音
❸ 本尊を表す印
❹ 瑞雲山　玄猷寺
❺ 姫島瑞雲山玄猷寺

## 巡礼の旅情報

本堂裏には巨大な涅槃像があり、篠栗四国第一番札所の南蔵院(福岡県)にある涅槃像をお手本として作られました。

■所在地
愛知県東海市富木島町北島28

■電話
052-603-0131

■アクセス
名鉄常滑線・河和線「太田川駅」より知多乗合バス上野台線「姫島」下車、徒歩約5分

■駐車場
あり（60台＋大型3台）

■拝観時間
3月～9月 6:00～18:00
10月～2月 7:00～17:00

■拝観料
無料　※ご朱印代は別途

■HP
http://gennyuji84.ec-net.jp/

知多西国三十三観音
第二十三番

MAP P14-23

知多四国第八十五番
法然知多第十八番

# 慈悲山
# 清《せい》水《すい》寺《じ》

▲垣根や塀がなく開かれた境内。本堂前には賓頭盧尊者（びんずるさん）が安置されている

- ■宗派　浄土宗
- ■本尊　聖観音菩薩
- ■開基　不詳
- ■開山　順蓮社清誉浄和比丘

**ご詠歌**

清水なる
ふもんじげんの
つきのには
さながら弥陀の
浄土なりけり

## 地域を火事から守ってきた「火防せの観音様」

清水寺の創建については定かではありませんが、本尊の慈覚大師作・聖観音菩薩は、元禄年間に村の庄屋六兵衛の家が火災で全焼した時に、村人が現在地より南西の丸根（東海市荒尾町丸根）にあったものを、元禄8年（一六九五）に現在の場所に移し堂宇を建立したのが寺の始まりと伝えられています。以来、村から火難がなくなったので「火防せの観音様」として信仰されており、東海市の文化財に指定されています。髪型は藤原時代の形式を残し、全体に対して頭部が大きめに造られています。一般的な観音様は左手に蓮華《れんげ》を持っていますが、こちらの観音様は右手に持っている特徴があります。本尊は、30年に一度開帳され、昭和63年の開帳時には本堂と庫裡の再建が同時に行われ、盛大な行事が開催されました。

寺名は、寺の南西近くに清水の湧く井戸があり、霊水として宮中に献上されたという故事に由来しています。

▲百回お参りして祈願する百度参りの百度石もあり

▲本堂の欄間には、尼寺ということもあり天女が優雅に舞う

▲小堂では役行者像と子育地蔵菩薩像がお出迎え

❶ 知多西国第二十三番
❷ 本尊　聖観世音菩薩
❸ 三宝印（仏法僧宝）
❹ 慈悲山　清水寺
❺ 清水寺印

## 巡礼の旅情報

境内の池には、祈願すれば豊作が叶うといわれる龍神が住まうといわれています。尼寺の優雅さが感じられるお寺です。

■所在地
愛知県東海市荒尾町西川60
■電話
052-603-2988
■アクセス
名鉄常滑線・河和線「太田川駅」よりタクシーで約10分
■駐車場
あり（5台）
■拝観時間
3月～9月 6:00～18:00
10月～2月 7:00～17:00
■拝観料
無料　※ご朱印代は別途

▲左から弘法大師、本尊の聖観世音と薬師如来が祀られる本堂

知多西国三十三観音
**第二十四番**

MAP P14-24

知多四国第八十六番

## 大悲山
# 観《かん》音《のん》寺《じ》

■宗派　真言宗智山派
■開山　昌増法印（中興）
■本尊　聖観音菩薩

**ご詠歌**

のちのよに
心をかけの
観音寺
この世の果ては
とにもかくにも

### 人々の力で再興に至った住宅街の中の寺

参道の石段を登ると、樹齢700年以上といわれている大楠が鎮座しています。観音寺は、文永3年に開創、天文年間に昌増法印によって中興されましたが、間もなく火災により焼失。天正13年（一五八六）に名古屋大須にある寶生院（P86）の鏡融法印の助力を得て再興をされました。後に、後柏原天皇の勅願所となり、さらに豊臣秀頼の祈願寺として居屋敷一帯の五町歩を下付《かふ》されました。これにより、遠方から除災招福を願う参拝者で後を絶たないほど賑わいました。昭和20年の空襲によって堂宇《どうう》が焼失、同30年に本堂を再建、同50年、客殿位牌堂を再建、同55年、庫裡を新築し再興を果たしました。

孟宗竹にほおづき提灯を数十個付け、夜の町内を練り歩き、祈祷が終わると見物人がその提灯を奪い合うという「ちょうちん祭り（観音祭り）」が毎年8月10日に行われています。近年では、規模が小さくなったものの、地元住民の協力により、今でもしっかり受け継がれています。

▲江戸時代の儒学者、細井平洲が登ったといわれる松（三代目）

▲参道の石段からは昭和 45 年に市の木に選ばれた大楠が見える

▲水かけ不動やお地蔵さんが並ぶ手水場

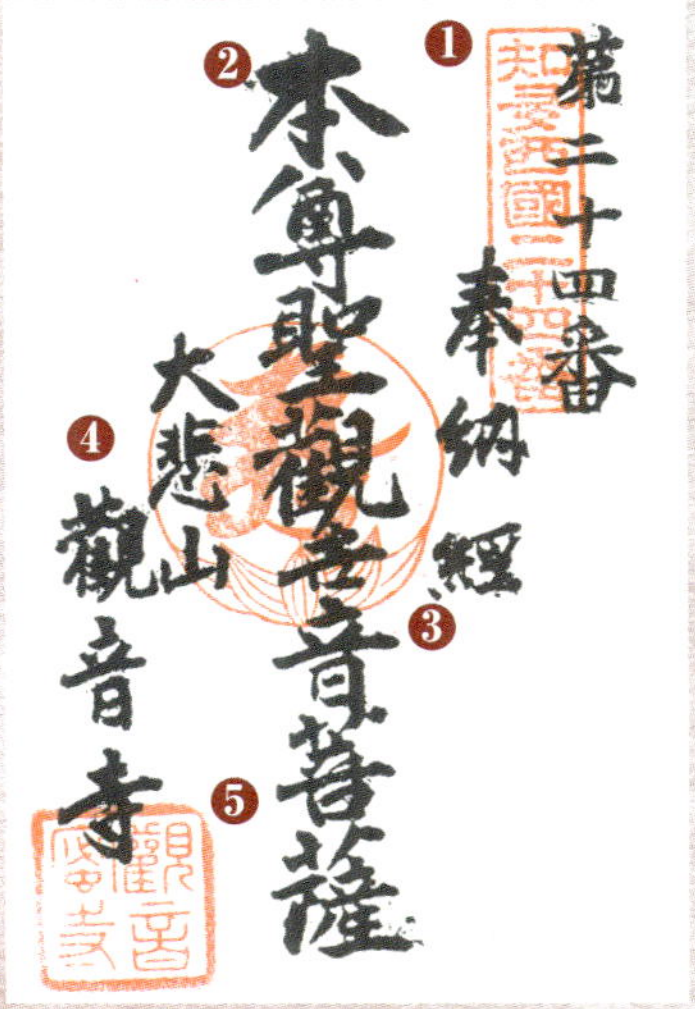

❶ 知多西国第二十四番
❷ 本尊　聖観世音菩薩
❸ 聖観音を表す梵字
❹ 大悲山　観音寺
❺ 観音密寺

## 巡礼の旅情報

住宅地の一角にある高台へ上がります。石柱を目指して進むと、大楠の根元には「白竜照玉大明神」が祀られています。

■所在地
愛知県東海市荒尾町仏供田45
■電話
052-603-0160
■アクセス
名鉄常滑線「新日鉄前駅」下車、徒歩約5分
■駐車場
あり（5台）
■拝観時間
3月～9月 6:00～18:00
10月～2月 7:00～17:00
■拝観料
無料　※ご朱印代は別途

知多西国三十三観音
第二十五番

MAP P16-25

知多四国第八十八番

瑞木山

# 圓《えん》通《つう》寺《じ》

▲本堂の格子扉が上がっていれば、馬頭観音や弘法大師像も拝むことができる

▲紆余曲折を経た深い歴史ある寺

▲知多四国の八十八番札所でもある

■宗派　曹洞宗
■開基　行基
■開山　夢窓国師（中興）
■本尊　馬頭観音

**ご詠歌**

この山に
心をかけし
人はまた
神通自在
みとぞなるべき

## トイレの神様が祀られるお寺

圓通寺は、天平元年（七二九）に創建されました。馬頭、准胝の両観音を、行基が安置し、七堂伽藍を有したと伝えられていますが、後、戦火で焼失。貞和4年（一三四八）に夢窓国師が再建し、中興開山。藤原期の馬頭観音菩薩立像、子安准胝《こやすじゅんてい》観音菩薩立像をはじめ、古刹ならではの寺宝も多数あります。

寺号が「お通じ」に通じることで、便所神「烏枢沙摩明王《うすさまみょうおう》」のご利益が名高く、トイレの神様として親しまれています。

❶知多西国第二十五番
❷本尊　馬頭観世音菩薩
❸三宝印（仏法僧宝）
❹木ノ山　圓通寺
❺圓通禅寺

■所在地愛知県大府市共和町小仏67　■電話0562-46-1736
■アクセスJR東海道本店共和駅より、大府市循環バス「小仏」から、徒歩約2分　■駐車場あり（15台）
■拝観時間3月～9月6:00～18:00　10月～2月7:00～17:00
■拝観料無料 ※ご朱印代は別途

▲本堂は黄檗宗特有の造り

知多西国三十三観音
# 第二十六番

MAP P16-26

知多四国第八十七番

# 鷲頭山 長《ちょう》寿《じゅ》寺《じ》

■宗派　臨済宗永源寺派
■開基　長寿院殿橘氏源操尼公
■開山　石梯道雲（改派開山）
■本尊　聖観音菩薩

▲長寿院元操尼をまつる五輪の塔

▲本堂に祀られる聖観世音菩薩

**ご詠歌**

大高や
鷲頭のみねの
白雲は
慈悲ある人の
袖にかかれる

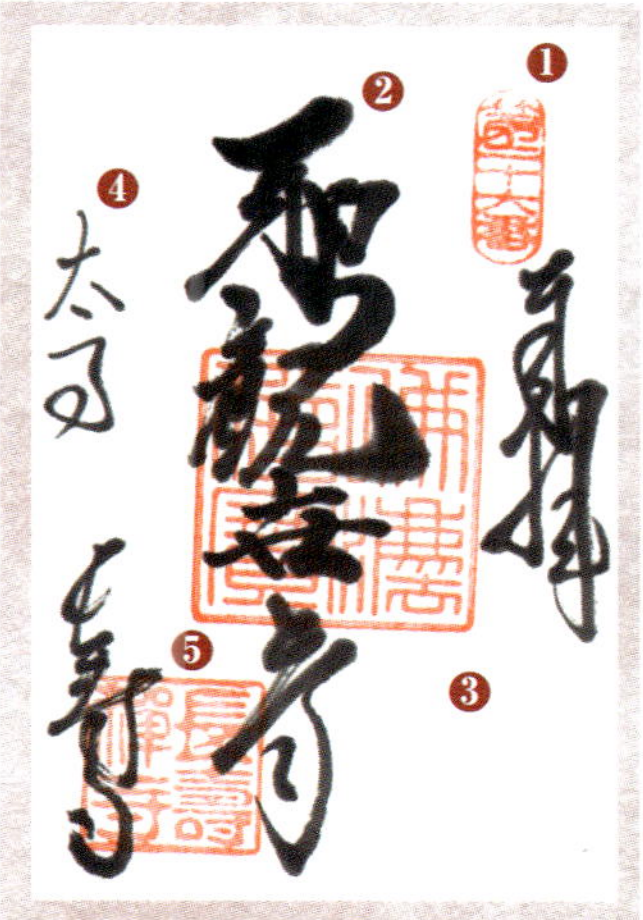

❶ 知多西国第二十六番
❷ 聖観世音
❸ 三宝印（仏法僧宝）
❹ 大高長寿寺
❺ 長壽禅寺

## 尾張藩家老・志水家の菩提寺

村人が大鷲の巣で光る観音像を見つけ、御堂を建て安置したという伝説が、この寺の起源。永禄3年（一五六〇）、桶狭間の戦火で寺は焼失。

江戸時代に入り尾張藩家老志水《しすい》甲斐守《かいのかみ》忠《ただ》継《つぐ》の母、長寿院元操尼の遺命により再興。宗派は黄檗宗《おうばくしゅう》に、寺号は元操尼の法名により「長寿寺」と改められ、中興開山に越伝和尚を迎えます。後に臨済宗永源寺派に改派、洛北の興聖寺より石梯道雲を迎え、開山。以来、志水氏の菩提寺となりました。

■所在地愛知県名古屋市緑区大高町字鷲津山13
■電話052-621-4652　■アクセスJR東海道本線「大高駅」より、徒歩約6分　■駐車場あり（30台）
■拝観時間3月～9月6:00～18:00　10月～2月7:00～17:00
■拝観料無料　※ご朱印代は別途

▲秘仏・十一面観音菩薩のお前立

知多西国三十三観音
**第二十七番**

MAP P16-27

知多四国第三番

# 海雲山 普《ふ》門《もん》寺《じ》

■宗派　曹洞宗
■開基　不詳
■開山　雪山寿盛大和尚
■本尊　十一面観音菩薩

**ご詠歌**

すくわんと
横根もやしな
観世音
誓いやかたき
石丸の里

## 老人の夢枕に立った観音様が普門寺の始まり

鐘楼門を構える重厚な山門をくぐった境内に本堂、観音堂、大師堂が点在する普門寺。雪山寿盛大和尚を中興開山とする曹洞宗の寺院です。創建は不詳ですが、不思議な伝説が伝わっています。白鳳元年（六七二）、この年の6月に起こる壬申の乱のわずか数ヶ月前の2月頃、毎夜海上に光る物体が現れました。ある夜、一人の老人の夢に観音菩薩が現れて「我を祀れ」と告げたため、翌朝、海岸に出てみると一体の観音像が漂着していたのです。そこで老人は寺を建て観音像を安置。それが、普門寺の始まりだと伝えられています。

本尊は17年に一度、ご開帳される秘仏・十一面観音菩薩。高さ１０４ｃｍの杉材一木彫りの素朴な姿だといわれます。また、境内の片隅にも観音立像の姿が。かつては桑名の鋳物職人が手がけた鋳造の大師像でしたが、第二次世界大戦中に供出。戦後、陶製で造り直され、往時の姿を私たちに伝えてくれています。

▲かつて「東海一」の大きさを誇った鋳造の観音像を陶で複製

▲普門寺の建つ場所は、かつて海だったと伝えられる

▲本殿には、大府七福神の大黒天も祀られている

❶ 西国三十三観音第二十七番
❷ 圓通閣
❸ 三宝印（仏法僧印）
❹ 海雲山　普門寺
❺ 海雲山普門寺納経所

## 巡礼の旅情報

本尊は17年に一度しかご開帳されない秘仏・十一面観音菩薩。藤原時代の作といわれ、大府市指定文化財です。

■所在地
愛知県大府市横根町石丸95
■電話
0562-46-0164
■アクセス
JR東海本線「大府駅」より、大府市循環バス東コース右まわりで「普門寺北」下車すぐ
■駐車場
あり（30台）
■拝観料
無料　※ご朱印代は別途

▲千手観音菩薩像のお前立。景清が彫ったとされる本尊は秘仏



知多西国三十三観音
第二十八番

MAP P16-28

知多四国第六番

# 萬年山 常《じょう》福《ふく》寺《じ》

■宗派　曹洞宗
■開基　養泉元育和尚
■開山　祖道泰禅大和尚
■本尊　千手観音菩薩

**ご詠歌**

半月の
光のどけき
春の日に
あふはさながら
悟りなりけり

## 景清伝説が残る ドラマチックな寺院

住宅街の小径をたどるうちに姿を現す趣のある山門。白砂の庭園が広がる境内には、本堂、庫裡、観音堂、鐘楼堂が点在する常福寺。その起源は、平景清《たいらのかげきよ》に由来するといわれています。平景清は、壇ノ浦の戦いで破れた平氏の侍大将。戦に破れた景清は、この地に逃れ草庵を結び「万年山」と称して念仏三昧の暮らしをしていましたが、ある夜、千手観音の夢告により96文字の観音経を授けられます。景清がその経を刻んだとされる「夢想口授《むそうくじゅ》の観音経」の版木が残されるのがこの寺院。景清が彫ったとされる千手観音菩薩像が本尊です。常福寺という寺号は、この地で没した景清のために村人たちが御堂を建て、その冥福を常に祈ったことに由来するとされています。

景清とこの地にまつわる伝説はいくつも残り、多くの歴史ファンや古典芸能ファンが全国から訪ねてくることも。歴史ロマンに思いを馳せながら参拝するのも一興です。

▲本殿に残されている平景清の位牌

▲景清が失明した目を癒した「芦沢の井」が残される景清神社

▲景清の墓所がある生目八幡宮

❶ 知多西国第二十八番
❷ 本尊　千手観音
❸ 三宝印（仏法僧印）
❹ 半月　常福寺
❺ 大府市常福寺

## 巡礼の旅情報

境内にある生目八幡宮に景清の墓があります。地名の「半月」は、景清が15日間（半月）かけて観音像を彫ったという逸話に由来するといわれています。

■所在地
愛知県大府市半月町3-151
■電話
0562-46-0868
■アクセス
JR東海道本線「大府駅」から、大府市循環バス西コース左まわりで「東半月生産組合」バ下車、徒歩約5分
■駐車場
あり（30台）
■拝観時間
3月～9月 6:00～18:00
10月～2月 7:00～17:00
■拝観料
無料　※ご朱印代は別途

▲傳宗院は、戦国時代に知多半島で勢力を誇った水野氏ゆかりの緒川の地に開かれた

知多西国三十三観音
第二十九番

MAP P17-29

知多四国第八番

# 上世山 傳《でん》宗《そう》院《いん》

■宗派　曹洞宗
■開基　水野対馬守與次右衛門
■開山　松隠珠巌大和尚
■本尊　延命地蔵菩薩

**ご詠歌**

いさぎよき
たへぬ小川の
流れこそ
けがさじものよ
末の末まで

## 仏師春日の作と伝えられる 秘仏の十一面観音菩薩

永禄10年（一五六七）、水野対馬守与次右衛門《みずのつしまのかみよじえもん》が開創。常滑にある天沢院《てんたくいん》の四世・松隠珠巌大和尚を迎えて開山とし、この地に開かれた寺院が傳宗院です。その後、東光寺の兼務が長く続きますが、明治7年（一八七四）、水野嶺梅大和尚が再建。寺格を整えて現在に至ります。

石段を昇り山門をくぐると、正面に本堂。本尊の延命地蔵菩薩が祀られています。一方、裏門から境内に入ると、居並ぶ地蔵に導かれ観音堂にたどり着きます。祀られているのは、仏師春日の作といわれる十一面観音像。33年に一度ご開帳される秘仏で、前回は平成6年にご開帳、供養されました。観音像の脇壇には弘法大師が祀られ、外陣に「なで仏」と称される賓頭盧尊者《びんずるそんじゃ》が配されています。ほかにも境内には、市民が交通安全のために付近の沿道に建てた地蔵堂の三角地蔵が引き取られて祀られているなど、地域の篤い信仰心が受け継がれています。

▲秘仏・十一面観音のお前立

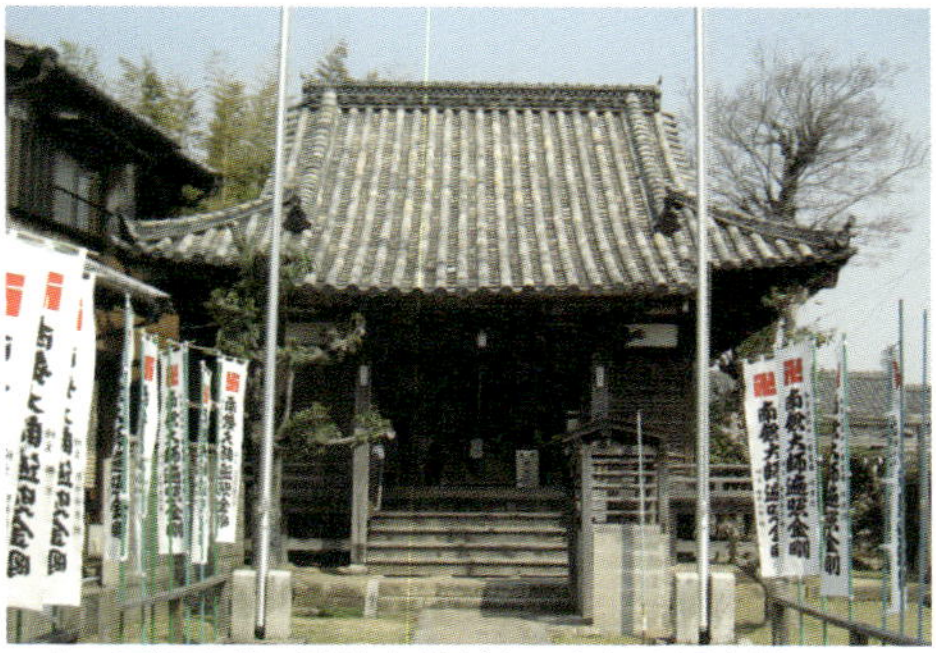

▲十一面観音像、弘法大師がまつられる観音堂

▲水野貞守が築いた緒川城は、徳川家康の生母“於大の方”が生まれた居館。傳宗院の近くにはその城址が残る

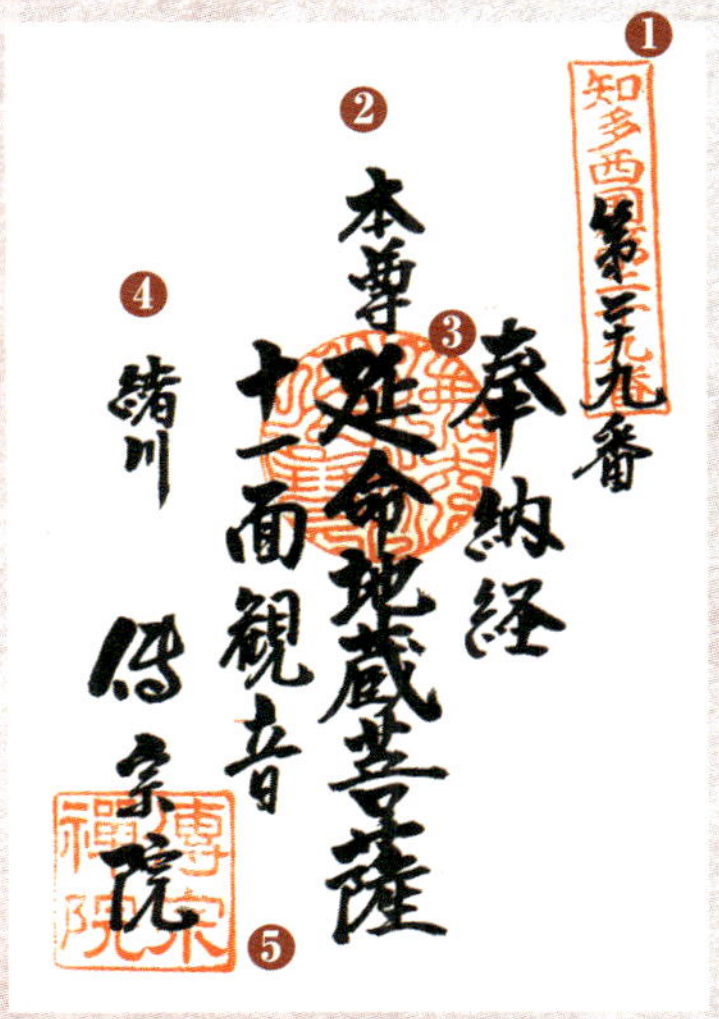


❶知多西国第二十九番
❷本尊 延命菩薩　十一面観音
❸三宝印（仏法僧印）
❹緒川 傳宗院
❺傳宗禅院

## 巡礼の旅情報

裏門にある妙法様は婦人病にご利益があるとされます。本尊の延命地蔵菩薩は、高さ83cmの木像です。

■所在地
愛知県知多郡東浦町緒川字天白48
■電話
0562-83-4023
■アクセス
JR武豊線「緒川駅」より、徒歩約11分
■駐車場
あり（10台）
■拝観時間
3月～9月 6:00～18:00
10月～2月 7:00～17:00
■拝観料
無料　※ご朱印代は別途

知多西国三十三観音
第三十番

MAP P17-30

知多四国第十番

# 福聚山 観《かん》音《のん》寺《じ》

■宗派　曹洞宗
■開基　不詳
■開山　不詳
■本尊　聖観音菩薩

**ご詠歌**

いくとせも
生路の寺の
庭のこけ
さながらるりの
光なりけり

▲名古屋大須界隈から村人が運んできたと伝えられる本尊が納められた御厨子。村人の名前が記された木札も残る

## 村人が名古屋大須付近から運んできた御厨子に納められた観音様

観音寺の本尊・聖観音菩薩は、奈良時代の僧、行基の作だと伝えられています。御厨子は、嘉永2年（一八四九）に村人の助成により新造され、名古屋市大須と呼ばれた地域から村人によって生路まで運ばれてきたと、御厨子内に残された木札に記されています。

この観音寺は、もともと生路の村人によって維持管理されてきました。開かれた年代等は不明ですが、先の木札や祀られている仏像、伝えられる伝承などから、およそ５００～６００年前に創建されたものと推定されています。現在は近隣の常照寺が管理をしていますが、御厨子の鍵は、現在でも地域住民から選出された世話役員が管理しています。7年ごとのご開帳時のみ住職に手渡され、閉帳にて扉を締めるとまた世話役員に返却されます。

▲ご朱印を押すご住職は、常照寺と兼務している

▲痛い部分と同じ部分をさすれば平癒するといわれるびんずるさま

▲ご詠歌が記された古い額と、歴史を感じさせる天井画

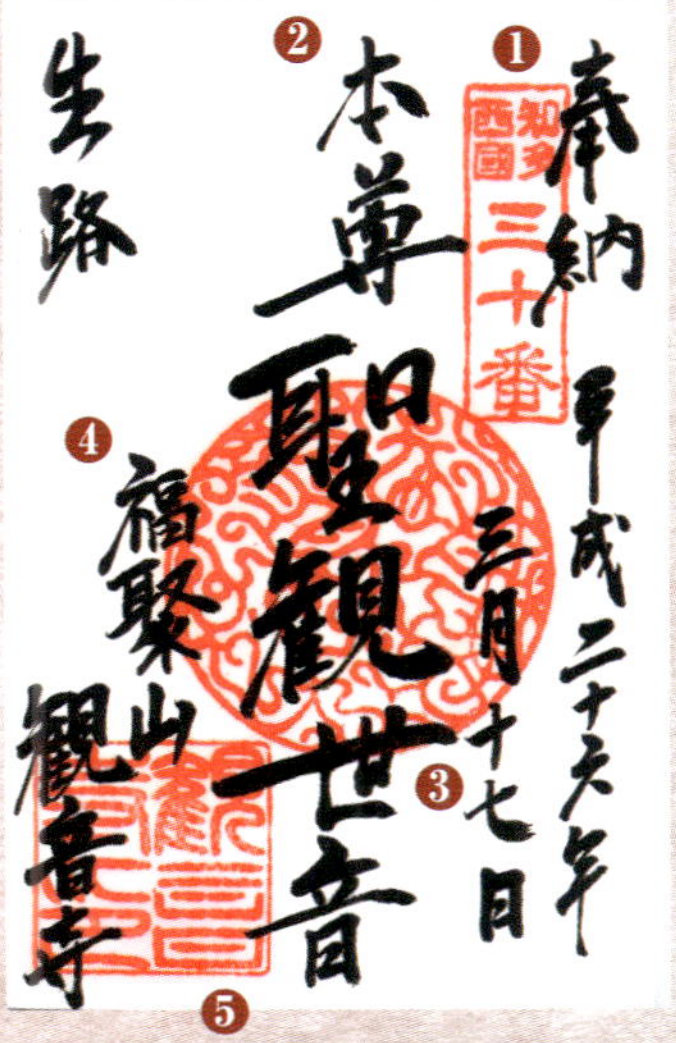


❶知多西国第三十番
❷本尊　聖観世音
❸三宝印（仏法僧宝）
❹福聚山　観音寺
❺観音寺印

## 巡礼の旅情報

日本武尊が自ら井戸を掘ったと伝えられる地、生路。神後院の南には「生路井」と呼ばれる霊水の涌き出した跡が残っています。

■所在地
愛知県知多郡東浦町大字生路字狭間2
■電話
0562-83-1797
■アクセス
JR武豊線「石浜駅」より徒歩約16分
■駐車場
あり（2台）
■拝観時間
3月～9月 6:00～18:00
10月～2月 7:00～17:00
■拝観料
無料　※ご朱印代は別途

知多西国三十三観音
**第三十一番**

MAP P17-31

知多四国第十三番

# 板嶺山 安《あん》楽《らく》寺《じ》

■宗派　曹洞宗
■開基　山本七郎右衛門
■開山　久山昌察大和尚
■本尊　無量寿如来

**ご詠歌**

きくからに
谷のひびきや
のりのこえ
いかなる人の
ここに板山

▲9年に一度ご開帳される秘仏の聖観世音菩薩。お前立にてお姿が観られる

## 観音堂に鎮座する秘仏、行基作・聖観世音菩薩

小川にかかる石橋を渡ると、右手に楠の大木。石段を昇り山門をくぐれば、境内には大きなイブキ。木々の深い緑に覆われた古刹の風情が印象的な寺院です。文禄2年（一五九三）、久山昌察大和尚により創建。江戸時代の天保年間、中興の祖として敬われている玉峯層山和尚が本堂と庫裡を再建。また、明治時代には山本七郎右衛門の発願により、天柱石門大和尚が諸堂を整備。さらに昭和46年に弘法堂、昭和51年に鐘楼堂、同57年に本堂と庫裡、平成17年に山門を再建するなど、その景観を次々と新しくしてきました。

本尊の無量寿如来《むりょうじゅにょらい》は、比叡山の高僧、恵心僧都《えしんそうず》作ともいわれ、観音堂に祀られる聖観音菩薩は行基菩薩作と伝えられています。また地蔵堂に安置されている「天白地蔵《てんぱくじぞう》」には、穴の開いた柄杓《ひしゃく》を供えて祈ると耳がよく聞こえるようになるというご利益が伝えられ、明治・大正期には三河地方や伊勢方面の地名が書かれた柄杓も多く見られたそうです。

▲境内の大きなイブキの木が、お寺の移り変わりを見守ってきた

▲山号「板嶺山」の扁額をかかげた山門を構える

▲聖観音菩薩を守る三十三観音

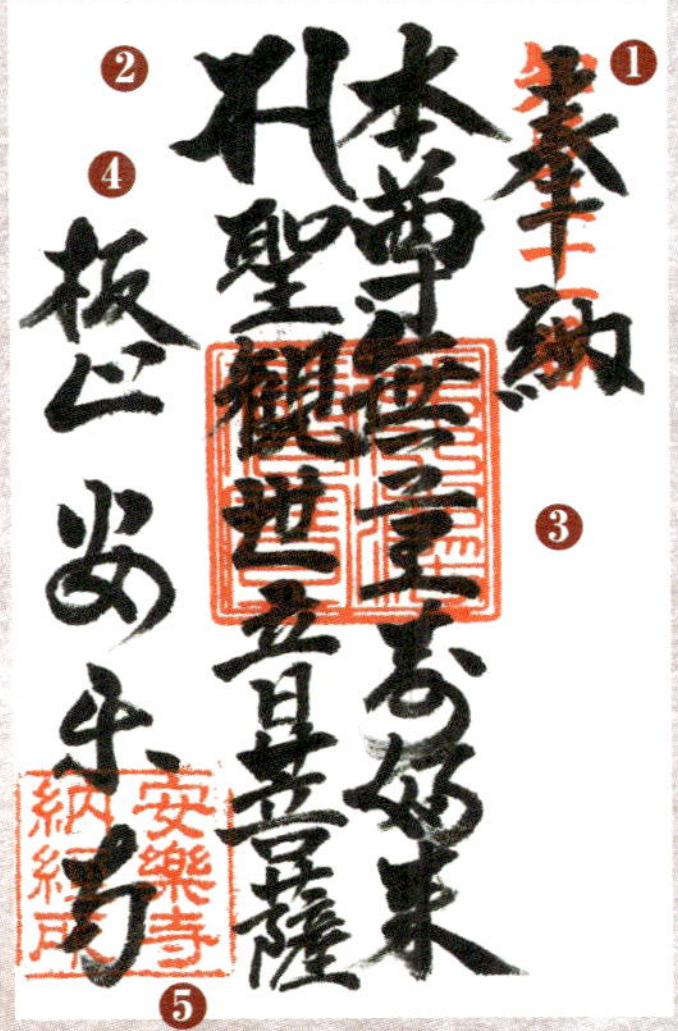

❶ 知多西国第三十一番
❷ 本尊無量寿如来
梵字・聖観世音菩薩
❸ 三宝印（仏法僧宝）
❹ 板山安楽寺
❺ 安楽寺納経所

## 巡礼の旅情報

阿久比町の最初の札所で、聖観世音菩薩は、9年に一度ご開帳される秘仏です。

■所在地
愛知県知多郡阿久比町大字板山字川向21
■電話
0569-48-0369
■アクセス
名鉄河和線「坂部駅」より徒歩約20分
■駐車場
あり（18台）
■拝観時間
3月～9月 6:00～18:00
10月～2月 7:00～17:00
■拝観料
無料　※ご朱印代は別途

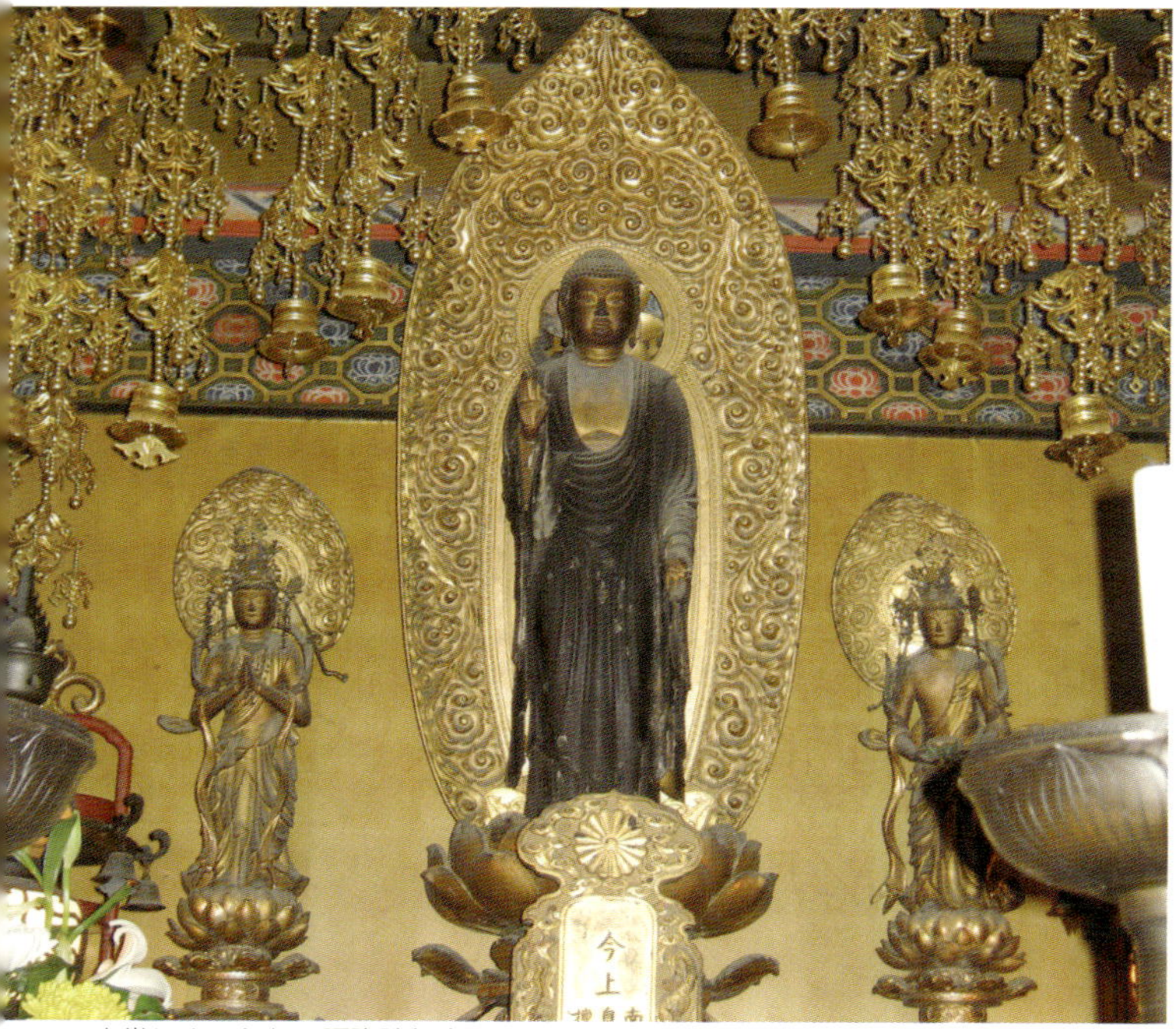

▲本堂にまつられる阿弥陀如来

知多西国三十三観音
第三十二番

MAP P17-32

知多四国第十八番

# 開運山 光《こう》照《しょう》寺《じ》

■宗派　時宗
■開基　照阿天誉海雲和尚
■開山　天誉白応和尚（中興開山）
■本尊　阿弥陀如来

**ご詠歌**

昔より
流れも清き
乙川の
末の孫子も
なおやあがめん

## 尾張家老の粋な計らいで建立したシンボル、「二重塔の観音堂」

この寺の歴史は南北朝時代にまでさかのぼります。興国３年（一三四二）、源親房の援助によって海運和尚が創建。その後、弘治元年（一五五五）に中興開山の白応和尚が復興再建しました。本尊は、本堂に安置される阿弥陀如来。また観音堂には、秘仏・十一面観音菩薩像が祀られています。

由来は、亀崎の漁師にまつわる逸話で、約３４０年前、漁師が網にかかった観音像を持ち帰ったところ、夢枕に立った観音様から「西の寺に奉納しなさい」というお告げがあり、亀崎の西の方角にあった光照寺に寄贈したといわれます。そこで重層塔の観音堂建立を計画されましたが、当時の寺社奉行から許可が降りませんでした。しかし、尾張藩家老、成瀬《なるせ》隼人正《はやとのしょう》の「ひさしをつければ塔にあらず」という粋な裁定により、二重塔の立派な観音堂が完成したのです。境内にそびえるその姿は塀の外からも拝むことができ、お寺のシンボルとして地元の人々に親しまれ続けています。

▲秘仏・十一面観音菩薩。観音堂築 200 年を記念し
平成 24 年にご開帳された時に撮影された貴重な姿

▲尾張藩家老の粋な計らいで建設が実現した二重塔の観音堂

▲荘厳な外観の本堂

▲清水次郎長地蔵尊

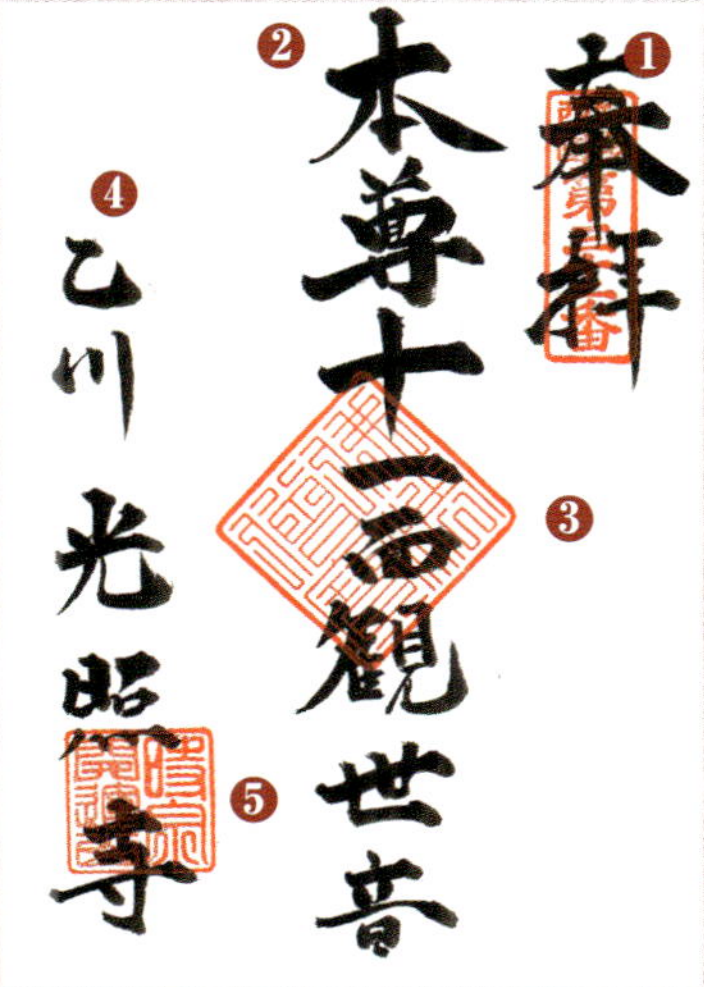


❶ 西国第三十二番
❷ 本尊　十一面観世音
❸ 三宝印（仏法僧印）
❹ 乙川 光照寺
❺ 時宗開運山

## 巡礼の旅情報

境内には、全国にその名を轟かせた世紀の大親分、清水次郎長ゆかりの地蔵尊も祀られています。

■所在地
愛知県半田市乙川高良町120

■電話
0569-21-1589

■アクセス
JR武豊線「乙川駅」より、徒歩約5分

■駐車場
あり（20台）

■拝観時間
3月～9月 6:00～18:00
10月～2月 7:00～17:00

■拝観料
無料　※ご朱印代は別途

知多西国三十三観音

第三十三番

MAP P17-33

知多四国第十七番
法然知多第二十二番

# 樫木山 観音寺《かんのんじ》

▲四代前から尼僧が住職を務める尼寺。本堂には代々の女性住職の肖像が飾られている

■宗派　浄土宗
■開基　往誉善随上人
■開山　往誉善随上人
■本尊　十一面観音菩薩

**ご詠歌**

いにしえの
そなえのいろを
樫木田に
いまや高岡
山の端の月

## 知多西国三十三観音の結願所

74段の石段を昇りつめると、手入れが行き届いた清々しい境内。ここ樫木山 観音寺は、「知多西国三十三観音霊場」の結願所《けちがんじょ》。江戸中期の明和年間に往誉善随上人が樫木田村《かしぎだむら》に開山し、元禄年間に現在の場所に移されました。本尊は50年に一度のご開帳時にだけ公開する秘仏・十一面観音菩薩で、鎌倉時代の仏師・快慶作と伝えられています。また、寺宝として、明治初年作の「弘法大師一代記」の画軸を所蔵するほか、境内には特有の書体、徳本流で「南無阿弥陀仏」の文字を刻んだ「六字名号塔《ろくじみょうごとう》」が二基が建てられています。

毎年8月9日には、一度で9万9千日分のお参りをしたのと同じご利益があるとされる「九万九千日」という行事が催されます。かつては近隣地区の盆踊りと同時に行われ、縁日のような賑わいを見せたとか。地域の人々に親しまれ続ける静かな山寺は、今も町の風景に溶け込んでいます。

▲本尊十一面観音菩薩蔵のお前立ち。次回のご開帳は 35 年後

▲珍しい書体、徳本流で「南無阿弥陀仏」と書かれた「六字名号塔」

▲石仏の三十三観音が並ぶ

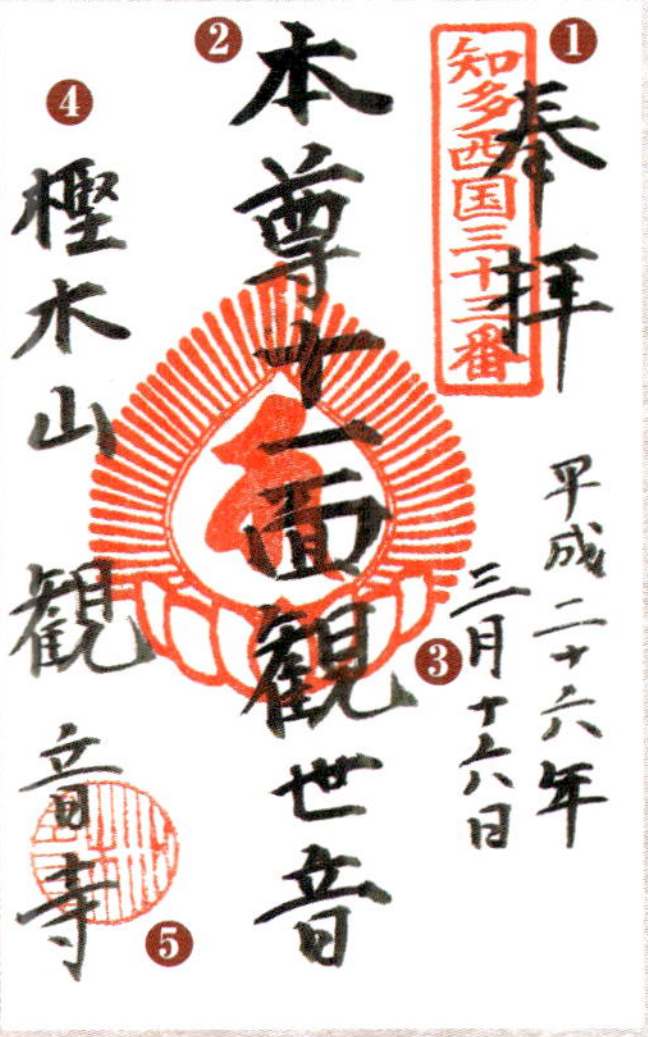


❶ 知多西国第三十三番
❷ 本尊十一面観世音
❸ 十一面観世音を表す梵字
❹ 樫木山　観音寺
❺ 観音寺

## 巡礼の旅情報

住職は四代前から尼僧。尼寺のご朱印を求める参拝客も多い。秘仏のご本尊、十一面観音様は50cmほどの大きさの木像。

■所在地
愛知県知多郡阿久比町大字矢高三ノ山高15

■電話
0569-48-0180

■アクセス
名鉄河和線「植大駅」より、徒歩約15分

■駐車場
あり（10台）

■拝観時間
3月～9月 6:00～18:00
10月～2月 7:00～17:00

■拝観料
無料　※ご朱印代は別途

コラム

# 知多四国八十八ヶ所霊場

## 日本三大新四国霊場の一つ

知多四国霊場の開創は、江戸時代後期。知多市古見の妙楽寺・亮山阿闍梨が弘法大師からの夢のお告げにより発願したといわれています。当時の知多半島は、開発された現代と違い、山あり谷ありの地形。巡錫のためにこの地を訪れた弘法大師が驚きのあまり「西浦や　東浦あり　日間賀島《ひまかじま》　篠島かけて　四国なるらむ」と詠んだほど、その風景は四国に似ていたようです。その後、亮山は夢告を実現すべく2人の行者、岡戸半蔵、武田安兵衛と共に知多半島中の寺院を説得して、文政7年(一八二四)についに開創を実現しました。

現在知多四国霊場は88の寺と開山所3寺、番外7寺を加えた98寺からなり、小豆島（香川県）と篠栗（福岡県）と並ぶ、日本三大新四国霊場の一つに数えられています。当霊場が弘法大師を開祖とする真言宗のみならず、宗派を超えて成立しているのは、知多四国より早くに開かれていた『知多西国三十三所霊場』が庶民にまで浸透していたことも理由であったのかと推測されています。その殆どが知多西国三十三所霊場と兼ねられているので観音様を巡るついでに知多四国を巡るのもおすすめです。

お大師さまと共に歩む全行程は194㎞あり、知多半島を一周する巡拝の旅は、いつでも、どこからでもお参りが始められ、知多四国を歩けば弘法大師の息吹を感じることができるでしょう。

知多四国八十八ヶ所霊場 公式 WEB
http://www.chita88.jp/

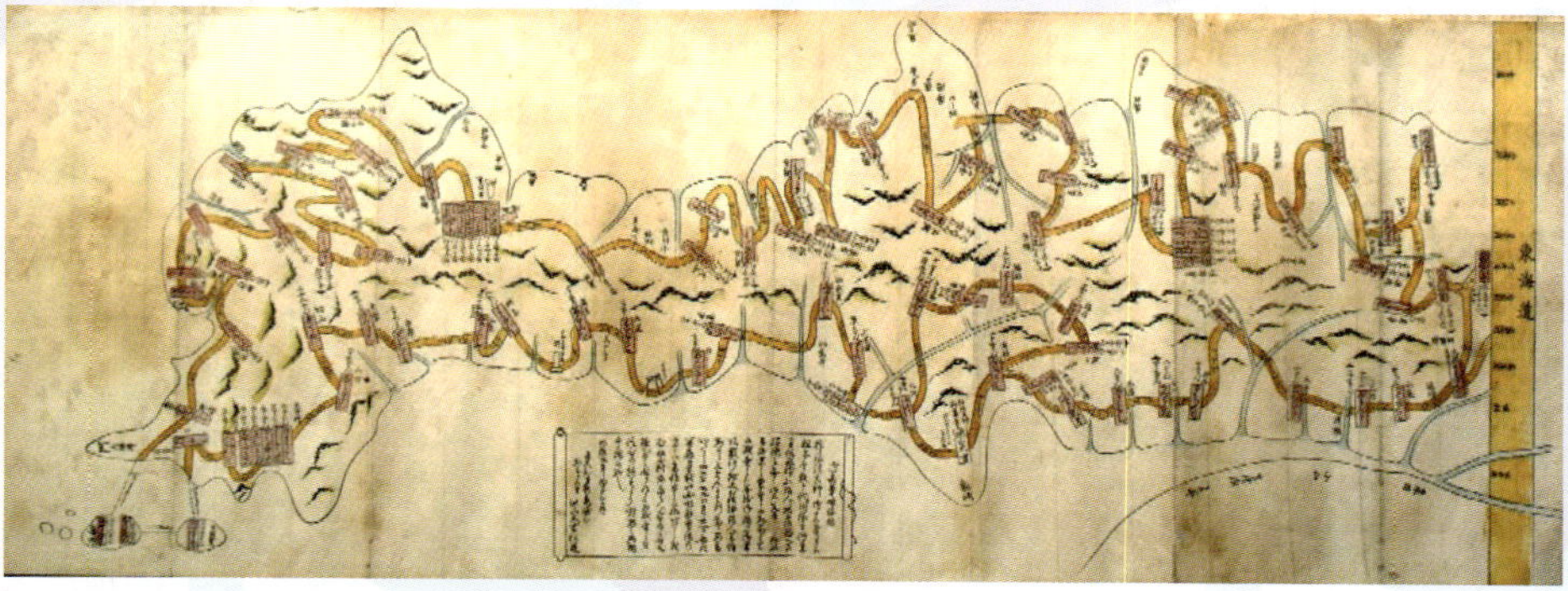

知多西国三十三所霊場と知多四国霊場を併合させた古地図（明治九年）

平成26年は弘法大師知多御巡錫1200年の年。記念として、100年前の大正5年に発行された版画を当時の色刷りのまま復興しポストカードにした。

コラム

# 日本の巡礼の歴史

日本において巡礼は、平安時代頃の、修験道や僧の修行、あるいは『源氏物語』にみられるような貴族階級の願掛けを発端とした神社参詣がその初期形態ではないかといわれています。その後、末法思想の流行や仏教の庶民への浸透により、また様々な僧の諸国行脚などにも影響され、浄土信仰を背景とした極楽往生を願うものへと変化していきました。

江戸時代になると平和な世の中を反映して現世利益を求める旅行としての要素も加わり、より庶民に普及することになりました。

巡礼は再生の旅でもあるという考え方もあります。霊場の仏さまと神聖な雰囲気に触れ、自分自身や様々な価値を見つめることで、新たな自分として、再び日常生活のなかへと戻っていく。巡礼は、色々な人と出会い、仏さまと向き合うことで、自らの心を癒し生まれ変わる、その道程であると言えるでしょう。

## ご朱印とは？

今では気軽にいただくことができるご朱印ですが、元々は写経を奉納した証しでした。ご朱印には神仏名や寺社名が記されており、いわば神様仏様の分身のようなものです。一生のお守りとして大切に保管しましょう。

# 名古屋二十一大師霊場

# 名古屋二十一大師めぐり

## 名古屋でお大師様を巡る

名古屋二十一大師霊場は、弘法大師の縁日「二十一」に因んで、江戸時代に名古屋城を中心とした現在の中区、西区、東区の旧市内真言寺院を「金城下二十一大師」の札所と制定し、毎月盛大に参拝が行われました。しかし、昭和の大空襲によりほとんどの寺院が戦火を被り、後、戦後の混乱期に合寺・解散で相当数が消散してしまい、歴史ある霊場は途絶えてしまいました。

納経帳の別冊マップの巻頭に、昭和44年3月21日の日付で「名古屋二十一大師　再興由来」とした文章が掲げてあります。それによれば、市街地は戦災から復興し整備が進むなか、再度、お大師様を慕って残された寺院を参拝する人が増えました。それにより、二十一大師霊場は名古屋市内の有名寺院に札所を選定し再興されたそうです。また、二十一大師札所には、「なごや七福神」の全札所が含まれていますので、七福神のご利益も得られることでしょう。

### 名古屋二十一大師を札所順に巡るための公共交通案内

※交通案内であり１日で巡るコース紹介ではありません。路線など余儀なく変更される場合がございます。

| | | |
|---|---|---|
| ①寶生院→②七寺<br>徒歩約３分 | ⑭喜見寺→⑮地蔵院<br>地下鉄<br>「伝馬町」～「桜本町」 | ⑮地蔵院→⑯笠覆寺<br>市バス【神宮16など】<br>「新郊通三丁目」～「笠寺西門」 |
| ②七寺→③萬福院<br>地下鉄「上前津」～「矢場町」<br>（徒歩約10分） | ⑬弥勒院→⑭喜見寺<br>徒歩約15分 | ⑯笠覆寺→⑰大喜寺<br>市バス【新瑞13】「笠寺西門」～「新瑞橋」<br>市バス【神宮11】「新瑞橋」～「大喜」 |
| ③萬福院→④延命院<br>地下鉄「矢場町」～「丸の内」 | ⑫辯天寺→⑬弥勒院<br>市バス【幹神宮1】「弁天裏」～「熱田伝馬町」<br>地下鉄「伝馬町」～「神宮西」 | ⑰大喜寺→⑱海上寺<br>徒歩約17分 |
| ④延命院→⑤福生院<br>徒歩約５分 | ⑪宝珠院→⑫辯天寺<br>市バス【幹高畑1】<br>「中郷町」～「弁天裏」 | ⑱海上寺→⑲金龍寺<br>徒歩約17分 |
| ⑤福生院→⑥長久寺<br>市バス【基幹2】<br>「桜通本町」～「白壁」 | ⑩寶藏院→⑪宝珠院<br>市バス【金山22】<br>「伏屋」～「野田小学校」 | ⑲金龍寺→⑳龍福寺<br>徒歩約17分 |
| ⑥長久寺→⑦東界寺<br>市バス【基幹2】<br>「白壁」～「徳川園新出来」 | ⑨護国院→⑩寶藏院<br>市バス【曽根13】「楠味鋺」～「平安通」<br>地下鉄「平安通」～「高畑」<br>市バス【金山22】「高畑」～「伏屋」 | ⑳龍福寺→㉑興正寺<br>市バス【金山12】<br>「滝子通二丁目」～「八事南」 |
| ⑦東界寺→⑧常光院<br>市バス【栄15】「徳川園新出来」<br>～「山田町三丁目」 | ⑧常光院→⑨護国院<br>市バス【曽根13】<br>「大曽根」～「楠味鋺」 | 名古屋市の地下鉄・市バスの情報<br>http://www.kotsu.city.nagoya.jp<br>（名古屋市交通局WEB） |

# 巡る前にこれをチェック!!

寺院で販売されている納経帳には、別冊付録として「名古屋二十一大師霊場　巡拝マップ」が付いてきます。別冊には1ページ毎に各寺院の紹介、手書きで描かれた詳細地図、アクセス情報が掲載されています。また、別紙のスタンプ用紙が入っていて、霊場を3回巡ると記念の腕輪念珠がいただけます。

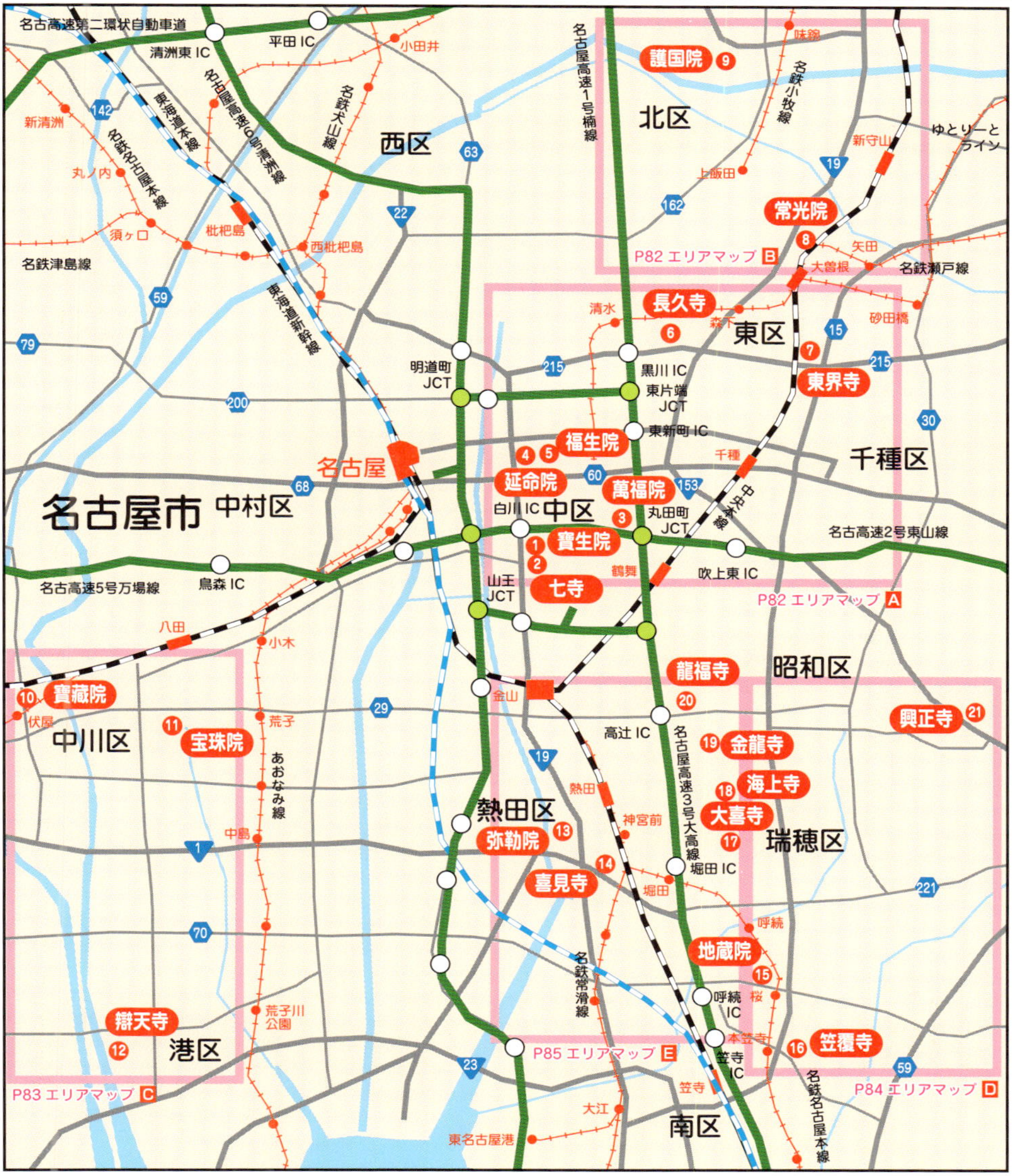

## 名古屋二十一大師 エリアマップ A 中区・東区

## 名古屋二十一大師 エリアマップ B 北区

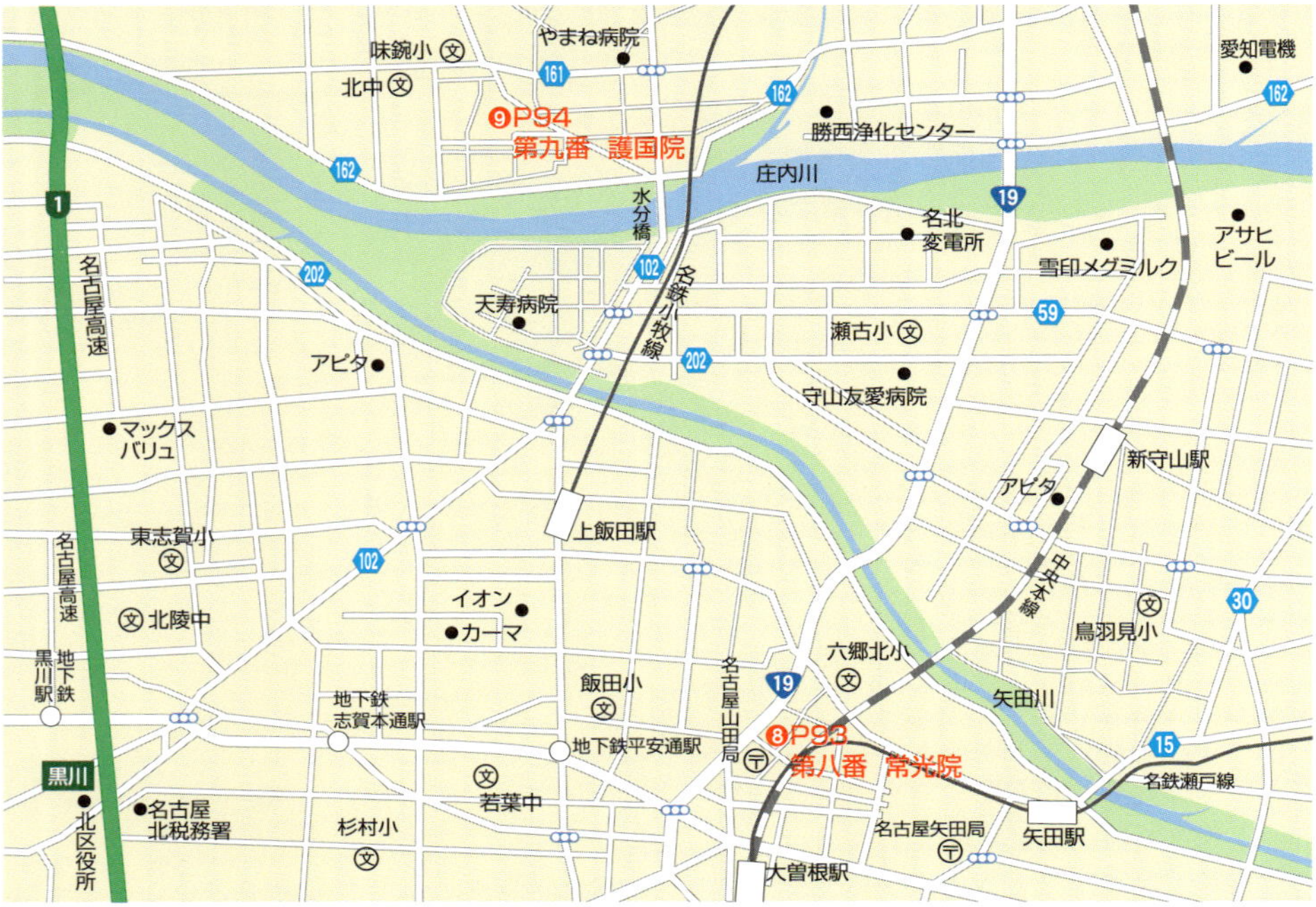

# 中川区・港区　名古屋二十一大師 エリアマップ C

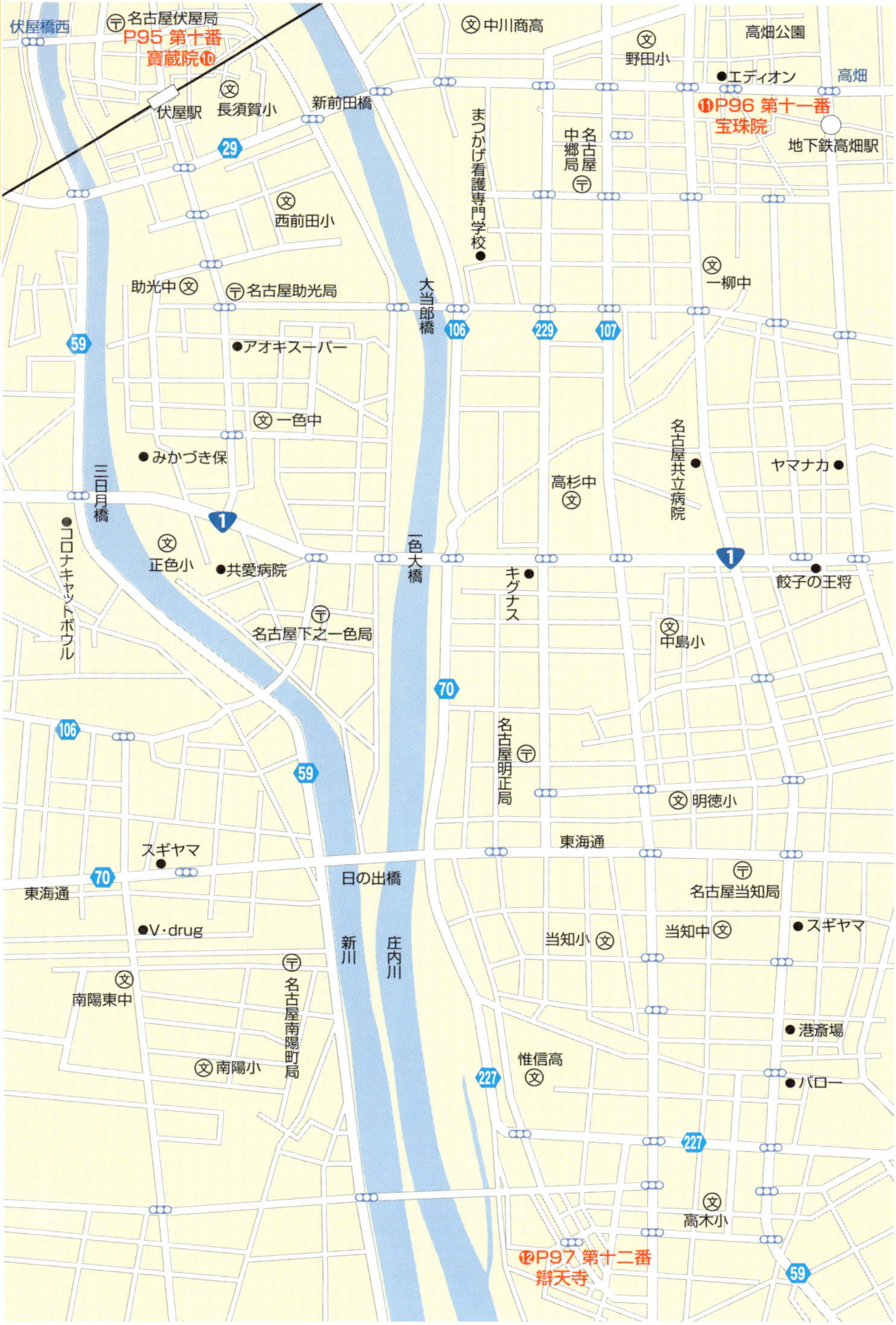
伏屋橋西
名古屋伏屋局
P95 第十番
寶蔵院⑩
伏屋駅
長須賀小
新前田橋
29
中川商高
野田小
高畑公園
エディオン
高畑
⑪P96 第十一番
宝珠院
地下鉄高畑駅
まつかげ看護専門学校
名古屋中郷局
西前田小
一柳中
助光中
名古屋助光局
大当郎橋
106
229
107
59
アオキスーパー
一色中
みかづき保
三日月橋
名古屋共立病院
ヤマナカ
高杉中
1
コロナキャットボウル
正色小
共愛病院
一色大橋
キグナス
餃子の王将
名古屋下之一色局
中島小
70
106
名古屋明正局
59
明徳小
東海通
スギヤマ
70
東海通
日の出橋
名古屋当知局
V・drug
当知小
当知中
スギヤマ
新川
庄内川
南陽東中
名古屋南陽町局
港斎場
南陽小
惟信高
227
バロー
227
高木小
⑫P97 第十二番
辯天寺
59

## 名古屋二十一大師 エリアマップ D 熱田・南・昭和・瑞穂・天白区

# 熱田・南・昭和・瑞穂・天白区 名古屋二十一大師 エリアマップ E

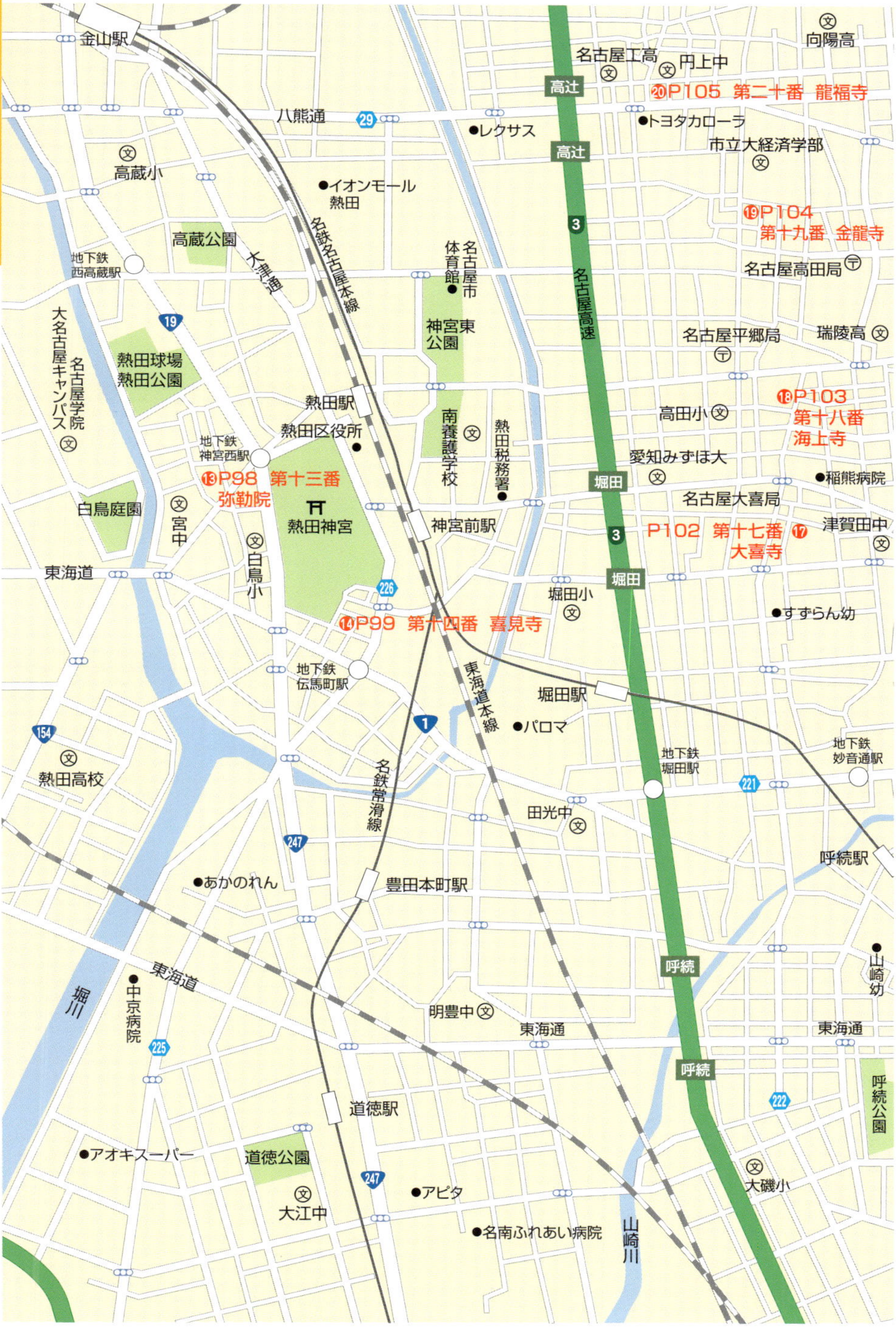

名古屋二十一大師
# 第一番

MAP P82-❶

なごや七福神（布袋）

大須観音
# 寶《ほう》生《しょう》院《いん》

■宗派　真言宗智山派
■開山　能信上人
■本尊　聖観音菩薩

▲南北朝時代現存最古の古事記写本（国宝）を始め１万５千巻もの書物を、大須文庫として所蔵

▲大須商店街も近く常に人でにぎわう

▲なごや七福神の布袋尊

### ご詠歌

もものかず
おがみめぐりて
つみふかき
わがみもやがて
ほとけなりけり

## 賑わいは随一「大須観音」

始まりは、尾張国長岡庄大須郷（現岐阜県羽島市大須）にあり、能信上人《のうしんしょうにん》が６００年程前伊勢神宮のお告げにより、弘法大師が彫造した観音菩薩を本尊としました。元弘３年（一三三三）後醍醐天皇《ごだいごてんのう》の御勅願により「北野山真福寺寶生院」という寺号を賜り、後、徳川家康が名古屋城を築城した慶長17年（一六一二）、この地に移築。江戸期に五重塔なども造営されましたが本堂とともに戦災焼失し、昭和45年に今の本堂が再建されました。

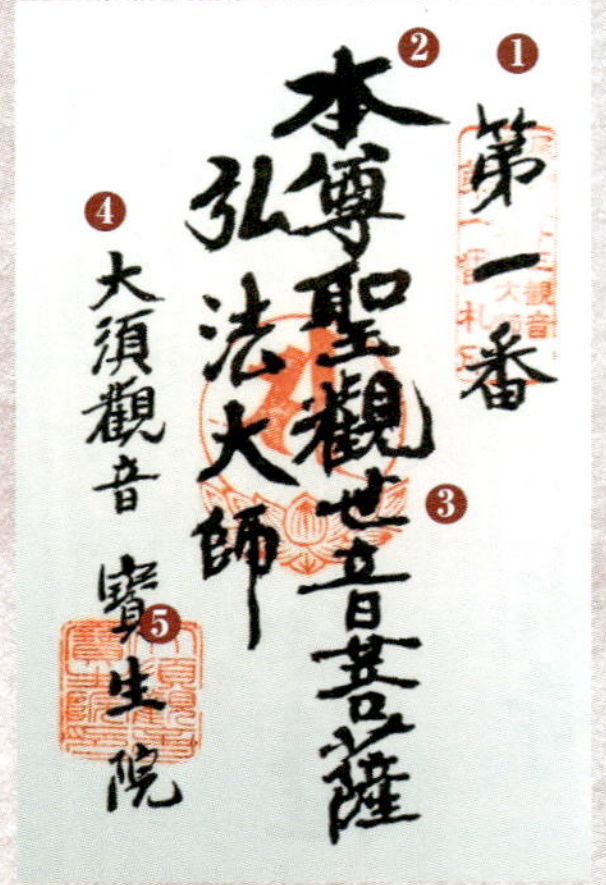


❶ 第一番
❷ 本尊聖観世音菩薩
　弘法大師
❸ 聖観音菩薩を表す梵字
❹ 大須観音　寶生院
❺ 大須観音寶生院印

■所在地 名古屋市中区大須2-21-47
■電話 052-231-6525
■アクセス 地下鉄鶴舞線「大須観音駅」2番出口より南へ徒歩約2分
■駐車場 なし　■拝観時間 9:00～17:00
■拝観料 無料 ※ご朱印代は別途

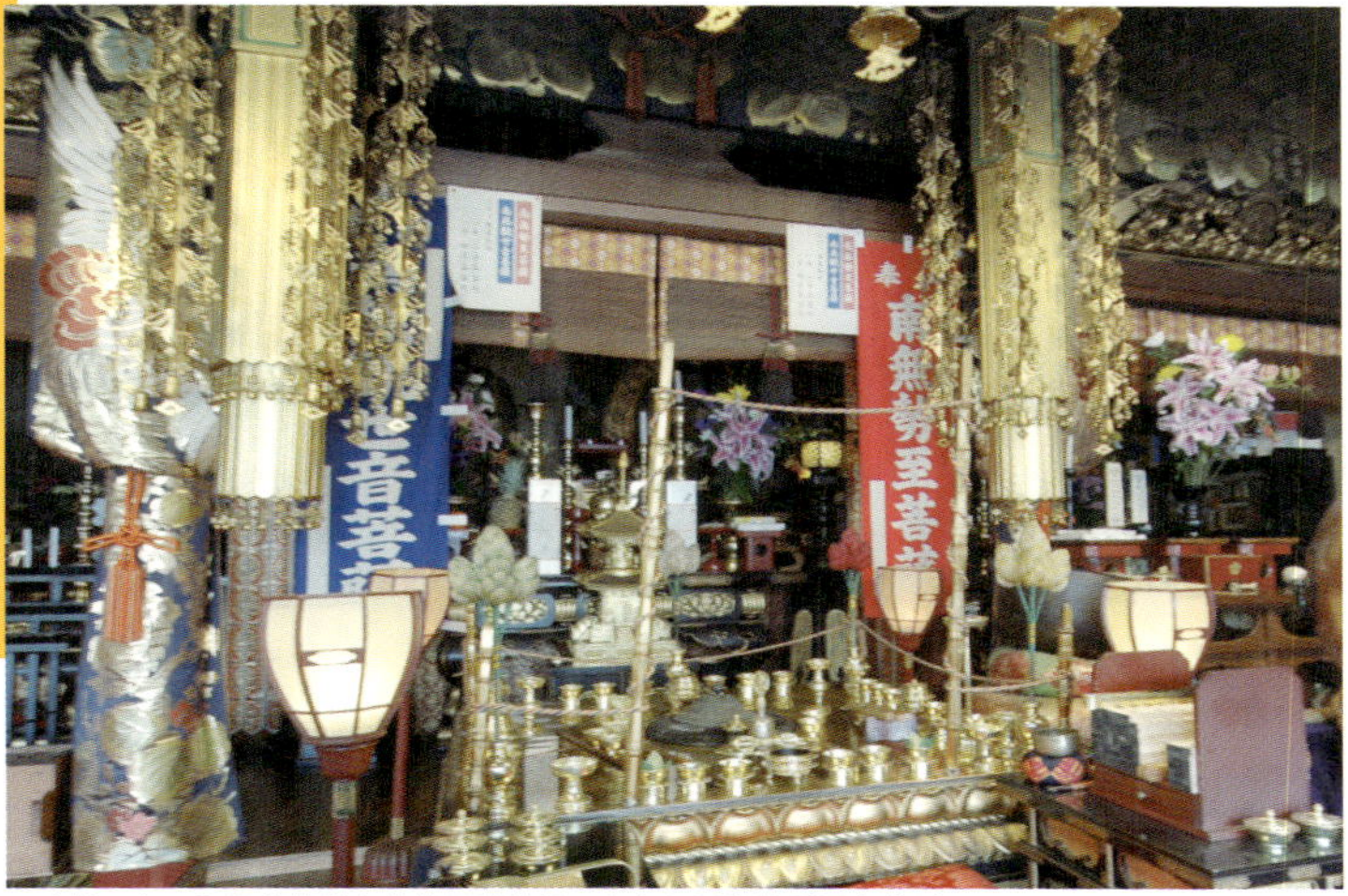

▲本尊である聖観音菩薩と大勢至菩薩は、ともに国指定重要文化財

名古屋二十一大師
**第二番**

MAP P82-②

# 稲園山 七《ななつ》寺《でら》

▲戦火による修復跡が残る大日如来像

▲電話予約すれば案内をしてもらえる

■宗派　真言宗智山派
■開山　行基
■本尊　聖観音菩薩
　　　　大勢至菩薩

## 奈良時代から続く寺

天平7年（七三五）、甚目寺町萱津《じもくじちょうかやつ》に行基による開山から始まり、稲沢、清洲と移転。慶長16年（一六一一）、名古屋城築城に伴う「清洲越し」により現在の地に七堂伽藍をもつ大寺として整備され、尾張徳川藩の祈願所として栄えました。本来のご本尊である阿弥陀如来と、三重の塔をはじめ七堂伽藍の全ては空襲により焼失しましたが、脇侍の観音菩薩・勢至菩薩《せいしぼさつ》は戦火から持ち出すことができ無事、現在のご本尊として祀られています。

### 巡礼の旅情報

両菩薩、唐櫃入紙本墨書一切経（平安時代後期の唐櫃31合、巻子本3398巻、帖装本1556帖）は国の重要文化財に指定されています。また当時の寺と城と町の関係を知る多くの写真をパネル展示しており予約すると拝見することができます。

❶第二番札所
❷大勢至　聖観音両菩薩
❸三宝印（仏法僧宝）
❹稲園山　七寺
❺稲園山　七寺印

■所在地名古屋市中区大須2-28-5
■電話052-231-1715
■アクセス地下鉄鶴舞線「大須観音駅」2番出口より南へ徒歩約7分
■駐車場あり（3台）　■拝観時間9:00～17:00
■拝観料500円　※ご朱印代は別途

名古屋二十一大師
**第三番**

MAP P82-❸

なごや七福神（福禄寿）

# 成田山
# 萬《まん》福《ぷく》院《いん》

■宗派　真言宗智山派
■開山　重秀法印
■本尊　不動明王

▲外観は新しいが、名古屋栄の成田山として不動信仰の中心をなす由緒ある萬福院

▲大師堂の前には水掛不動尊が安置されている

▲色鮮やかな不動明王と四大明王が鎮座

## 成田山新勝寺の分院

開山時は清須にありました。その後、名古屋城築城に伴う都市移転（清洲越し）により中区南鍛治屋町へ移転。大戦時戦火により消失しましたが、昭和30年に再建、そして平成14年現在地へと移転しました。その際に総檜造りの像としては当時最大級の大きさを誇る丈六（約３ｍ）の不動明王坐像を新たに造立しご本尊といたしました。千葉県の大本山成田山新勝寺《なりたさんしんしょうじ》の分院で「名古屋栄《さかえ》の成田山」として隆盛し、日々多くの参詣を集めています。

**巡礼の旅情報**

ご本尊であるお不動さまの左右をそれぞれ手で隠してご覧ください。右側を隠すととても厳しいお顔で私たちを導いてくださり、左側を隠すとなんともいえない慈愛に満ちたお顔で私たちを見守ってくださいます。

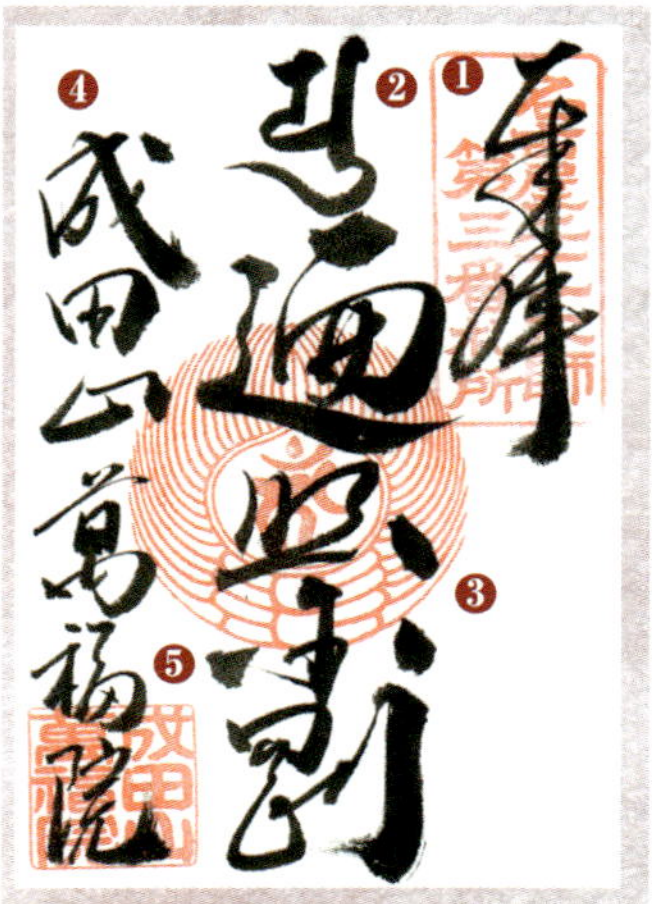

❶ 名古屋二十一大師第三番札所
❷ 弥勒菩薩を表す梵字
遍照金剛
❸ 不動明王を表す梵字
❹ 成田山　萬福院
❺ 成田山　萬福院

■所在地 名古屋市中区栄5-26-24
■電話 052-241-7670
■アクセス 地下鉄名城線「矢場町駅」3番出口より、東へ徒歩約5分
■駐車場 あり（7台）　■拝観時間 9:00～17:00
■拝観料 無料 ※ご朱印代は別途

HP：http://manpukuin.or.jp

名古屋二十一大師
**第四番**

MAP P82-❹

# 摩尼山 延《えん》命《めい》院《いん》

■宗派　真言宗豊山派
■本尊　薬師如来

▲名古屋随一の繁華街の錦にある寺。入口では出世地蔵がお出迎え

▲本尊の薬師如来を祀る堂内

▲ビルの合間にある近代的な建物

## 薬師如来と出世地蔵のご利益

創立当初は九州筑紫にあり、至徳4年（一三八七）尾張清洲御園に移転。さらに名古屋城築城のため、現在地に遷転しました。当時は薬師如来を本尊とし客殿には十一面観音菩薩がお祀りしてありました。時の住職、海譽法印《かいよほういん》が元和2年（一六一六）寂滅に入ってからは中興の祖として、現住職（二〇世）まで続いています。某企業の社長が信心してから業績を伸ばし出世地蔵を寄進。以来、出世のご利益がある寺ともいわれております。

### 巡礼の旅情報

幼児より秀吉に仕え、猪武者との異名をとる賤ヶ岳の七本槍の一人で、名古屋城築城・堀川開削に携わった、福島正則（尾張海部郡出身）の祈願所として名を知られた寺院です。

❶第四番
❷梵字（種子）薬師如来
❸薬師如来を表す梵字
❹摩尼山　延命院
❺摩尼山延命院

■所在地名古屋市中区錦2-8-20
■電話052-201-3673　■アクセス地下鉄東山線・鶴舞線「伏見駅」1番出口より、北へ徒歩約3分
■駐車場あり（6台）　■拝観時間9:00～17:00
■拝観料無料　※ご朱印代は別途

名古屋二十一大師
**第五番**

MAP P82-⑤

なごや七福神（毘沙門天）

# 如意山 福生院《ふくしょういん》

■宗派　真言宗智山派
■開山　順誉上人
■本尊　歓喜天

▲繁華街の一角にあり、若者や女性の参拝者が多い

▲なごや七福神の毘沙門天

▲境内にはぼけ封じ観音など様々な仏像が安置

## 信仰を集める「袋町のお聖天様」

南北朝時代の至徳3年（一三八六）、順誉上人が大聖歓喜天《だいしょうかんぎてん》を奉安して尾張中村に建立されたのが始まり。その後、元和3年（一六一七）に名古屋城築城に伴い、袋町筋（現袋町通り）に移転したことから「袋町お聖天《しょうでん》」と呼ばれ始めました。大戦空襲により全山を焼失しましたが、本尊のご加護のもと信者一丸となって、昭和24年に本堂を再建。その際に信州上田城の守護尊で田中の長久寺に祀られていた明王を拝受、不動堂へ遷座されました。

### 巡礼の旅情報

名古屋きっての賑やかな歓楽街の中にあることもあり、健康、商売繁盛、縁結び、金運とあらゆるお参りが一箇所でできる寺院として有名です。

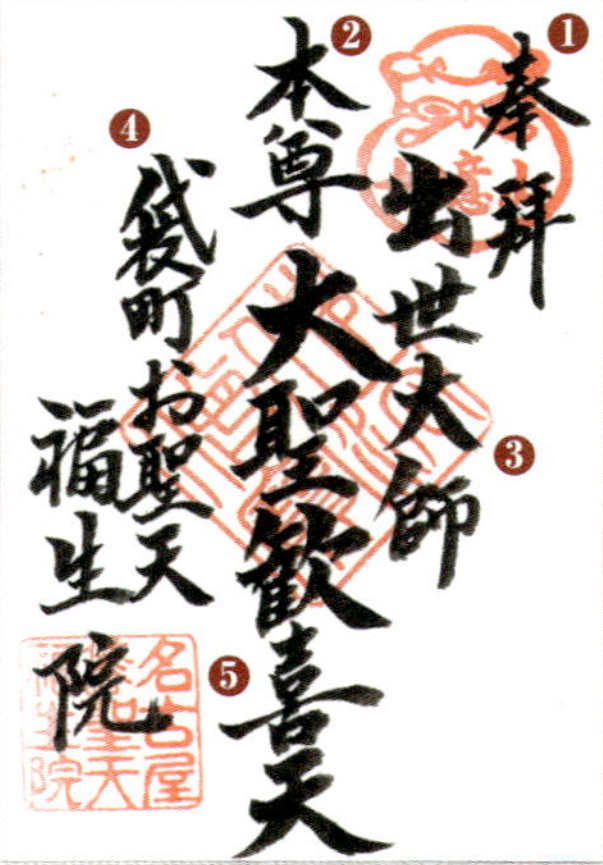


❶如意山
❷出世大師
本尊大聖歓喜天
❸三宝印（仏法僧宝）
❹袋町お聖天　福生院
❺名古屋袋聖天福生院

■所在地 名古屋市中区錦2-5-22
■電話 052-231-5261　■アクセス 地下鉄東山線・鶴舞線「伏見駅」1番出口より、北東へ徒歩約5分
■駐車場 あり（2台）　■拝観時間 9:00～17:00
■拝観料 無料 ※ご朱印代は別途

HP：http://www.oshoden.jp

名古屋二十一大師
**第六番**

MAP P82-⑥

# 東岳山 長《ちょう》久《きゅう》寺《じ》

▲清洲城裏門が移建された惣門、須恵器子持高杯、陶製獅子置物（御深井焼）は名古屋市指定文化財

▲前庭中央にある庚申塔（名古屋市指定文化財）

▲本尊の木造不動明王立像

■宗派　真言宗智山派
■本尊　不動明王
■客殿　弘法大師

## 戦火を免れた美しい古寺

始まりは徳川家康の四子である松平忠吉《まつだいらただよし》が武蔵国忍城の城主であった頃に祈願所とされ、慶長5年（一六〇〇）現在の清須市に移封。その後、名古屋城の築城にあたり清洲より移転、城の鬼門鎮護の役として城から東北に据えられました。天明5年（一七八五）正月、多くの建物を焼失しましたが、寛政6年～7年にわたり再建されました。明治4年7月には藩廰《はんちょう》の布告により、名古屋市内で初めて小学校となりました。

### 巡礼の旅情報

名古屋市街地のほかの寺院の多くが空襲で焼失した一方、この寺は被害を免れ、山門、庚申塔そして本堂と、戦前からの建物が今も残る大変貴重な寺院です。

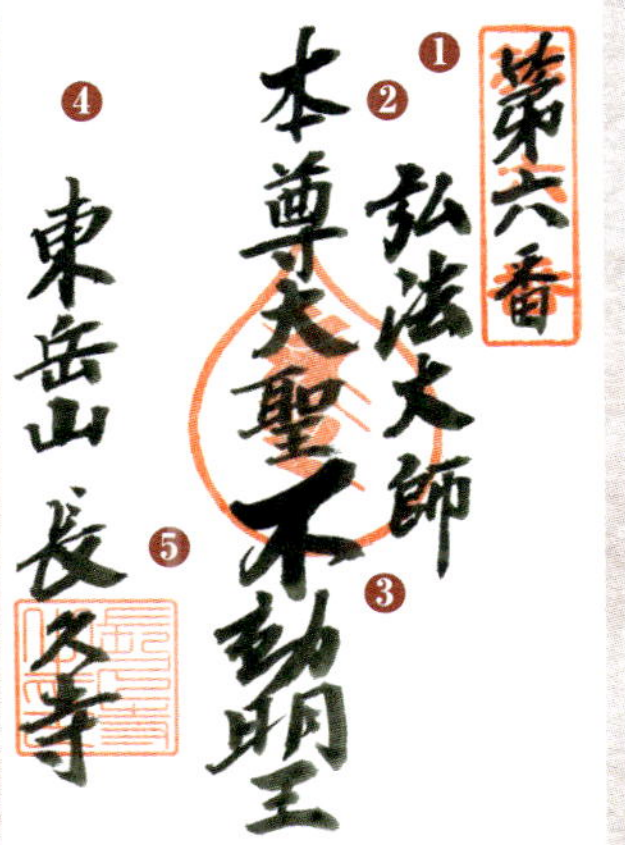


❶第六番
❷弘法大師
本尊大聖不動明王
❸不動明王を表す梵字
❹東岳山　長久寺
❺長久寺之印

■所在地名古屋市東区白壁3-24-47
■電話052-931-6149　■アクセス名古屋駅より市バス・名鉄バス【基幹2】で「白壁」下車、北へ徒歩約5分
■駐車場あり（南参道奥2台）　■拝観時間9:00～17:00
■拝観料無料　※ご朱印代は別途

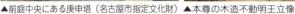

名古屋二十一大師
**第七番**

MAP P82-7

# 長尾山 東界寺《とうかいじ》

■宗派　真言宗豊山派
■開山　卓運和尚
■本尊　薬師如来

▲山門から望める壮大な境内。本堂（左）と摩尼殿（右）

▲白砂が美しい枯山水の庭

▲薬師如来を安置する堂内

## 耳病平癒に霊感のある薬師如来

尾張徳川家六代の徳川継友《とくがわつぐとも》公の実母泉光院殿が実父の菩提のために享保13年（一七二八）、弟卓運和尚によって創建。名古屋城のちょうど東にあり、東方瑠璃光《とうほうるりこう》世界《せかい》の仏、薬師如来をお祀りしている、まさに「東」の世「界」のお寺です。本尊の薬師如来には古くから耳病平癒に霊験があり、耳の調子が悪くなると願掛けに行くお寺として有名でした。年に一度のご開帳の時（毎年11月8日）には多くの方がお参りされています。

**巡礼の旅情報**

境内に広がる枯山水の庭は山門のすぐ奥に造られ、白砂と松がうまく調和をしており時間の流れを忘れるような実に美しい庭です。

❶名古屋二十一大師第七番
❷本尊薬師如来
❸薬師如来を表す梵字
❹長尾山　東界寺
❺長尾山東界寺

■所在地名古屋市東区出来町3-1-25
■電話052-711-6932　■アクセス名古屋駅より市バス・名鉄バス【基幹2】、「徳川園新出来」下車、東へ徒歩約5分
■駐車場あり（10台）　■拝観時間9:00～17:00
■拝観料ご朱印を押す場合朱印代

名古屋二十一大師
## 第八番

MAP P82-8

秋葉山
# 常《じょう》光《こう》院《いん》

■宗派　真言宗智山派
■開山　宥賢和尚
■本尊　十一面観世音菩薩

▲美しく改装された本堂。境内にある寶篋印塔などが寺の歴史を物語る

▲多くの石仏が点在する

▲本尊の十一面観音が納められる

## 長久寺の念仏堂として創建

この寺は、昔、矢田川の沿岸に境域を有する大きな伽藍がある寺院でしたが、一朝洪水のため流水の悲運に遭いほとんど跡形もなく絶えてしまいました。その後、正保2年（一六四五）、宝殊院の政賢和尚の弟子であった宥賢上人が一大決心し、東奔西走しながら懸命に尽力した結果、遂に現在の地に長久寺（P91）の念仏堂として建立し、今日に至ります。古かった本堂は平成25年に改築されたばかり、金は張り直され見事に輝きが増しています。

### 巡礼の旅情報

新しく改装された本堂の中央に、本尊の十一面観世音菩薩が、向かって右に秋葉大権現が、左に辯才天と歓喜天が、それぞれ祀られています。

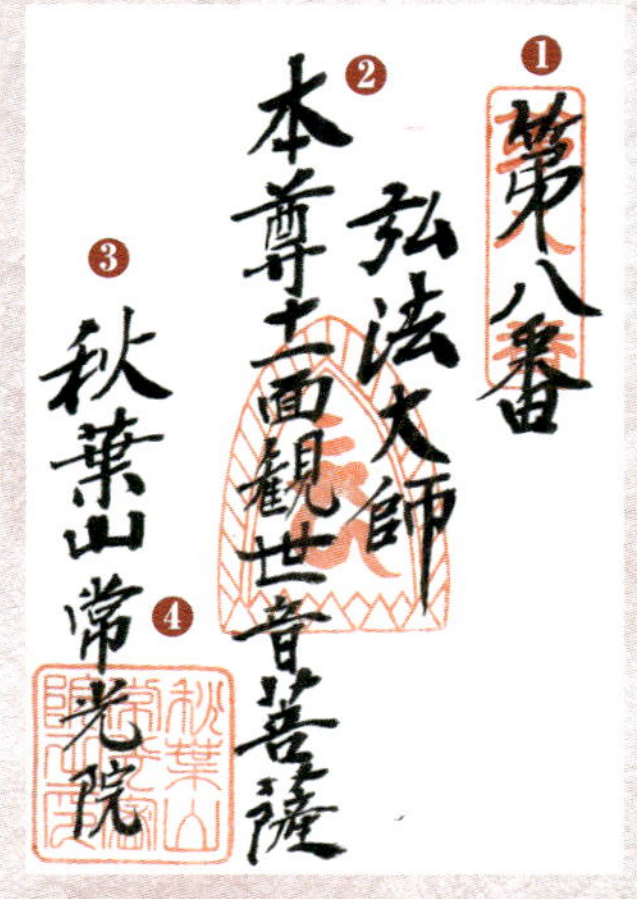


❶第八番
❷弘法大師
本尊十一面観世音菩薩
❸秋葉山　常光院
❹秋葉山常光院之印

■所在地名古屋市北区山田町3-54
■電話052-981-0405　■アクセスJR中央本線・名鉄瀬戸線「大曽根駅」より、北へ徒歩約10分
■駐車場あり（10台）　■拝観時間9:00～17:00
■拝観料無料　※ご朱印代は別途

名古屋二十一大師
第九番

MAP P82-9

# 味鏡山 護《ご》国《こく》院《いん》

▲寺宝として国・市の重要文化財に指定された、古鏡、古縁起書・仏画等が数多く保存されている古く歴史のある寺

▲寺内の寺宝を案内する住職

▲本堂にある行基作の薬師如来坐像（本尊）は秘仏

■宗派　真言宗智山派
■開山　行基
■本尊　薬師如来

**ご詠歌**

此《この》の里《さと》の人《ひと》の心《こころ》を
池水《いけみず》になしてぞ宿《やど》る
夜半《よは》の月影《つきかげ》
「南無瑠璃光如来薬師仏《なむるりこうにょらいやくしぶつ》」

## 奈良時代に行基が創建した寺

奈良時代の天平年間（七二九～七四九）、「味鏡山天永寺」という名で行基が創建したと伝えられています。天暦2年（九四八）庄内川の大洪水に遭い、堂塔は流出しましたが、天永2年（一一一一）、西弥上人によって再興。鳥羽天皇より安食・神領・柏井郷を下賜され「味鏡山天永寺護国院」と改称し、七堂伽藍、十二僧坊を建立し大いに栄えました。その後も数度の天災にあい、本堂改築、諸堂建立をし、現在に至ります。

❶二十一大師第九番
❷梵字・薬師如来
❸三宝印（仏法僧宝）
❹味鏡山　護国院
❺味鏡山天永寺護国院

■所在地 名古屋市北区楠味碗2-732
■電話 052-901-0723　■アクセス 名鉄上飯田線「味碗駅」より西へ徒歩約15分。もしくは市バス「味碗」下車、南へ徒歩約3分
■駐車場 あり（25台）　■拝観時間 9:00～17:00
■拝観料 無料 ※ご朱印代は別途

名古屋二十一大師
**第十番**

MAP P83-⑩

# 雲龍山 寶《ほう》藏《ぞう》院《いん》

■宗派　真言宗智山派
■開山　汲藩上人
■本尊　地蔵菩薩

▲「雲龍山」その名の通り龍が宿しているとされる美しく広い境内

▲おもかる地蔵。軽く感じたら願いが叶う

▲安置されている弘法大師像の美しい姿

## 由緒ある地蔵菩薩と千手観音

今は伏屋という地名ですが元は「布施屋」といい、布施の気持ちで宿を提供する村で沢山の旅人がここを往来。旅の安全祈願所として「布施屋地蔵寶藏院」の名は広く知られて行きました。本尊は行基が彫ったとされる地蔵菩薩。また、県内で3体のみ確認されている木喰《もくじき》（木喰五行菩薩）が作った千手観音菩薩も大切に安置されています。享和元年（一八〇一）に作られた貴重な1体を有する寺院としても有名です。

### 巡礼の旅情報

寶藏院のお地蔵さまは昔から病気を治していただけるありがたい仏様として広く知れ渡り、現在も県内外から多くの人々が祈願・参拝に訪れる寺院です。

■所在地 名古屋市中川区伏屋2-707
■電話 052-301-7688　■アクセス 近鉄名古屋線「伏屋駅」より、東へ徒歩約2分
■駐車場 あり（5台）　■拝観時間 9:00～17:00
■拝観料 無料　※ご朱印代は別途
HP：http://www.houzouin.jp

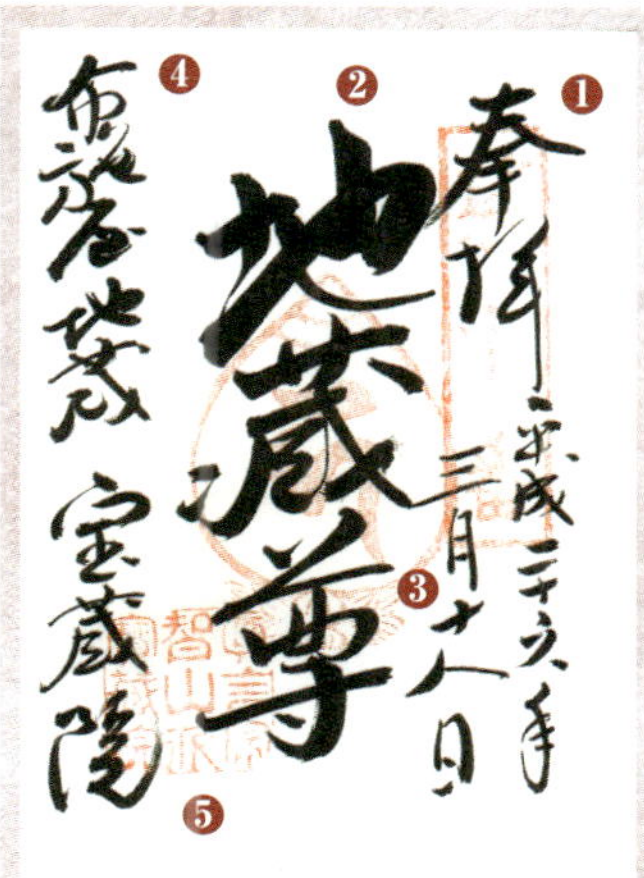

❶ 第十番
❷ 地蔵尊
❸ 地蔵菩薩を表す梵字
❹ 布施屋地蔵　寶藏寺
❺ 真言宗智山派寶藏院

名古屋二十一大師
## 第十一番

MAP P83-⓫

なごや七福神（大黒天）

# 如意山 宝《ほう》珠《しゅ》院《いん》

■宗派　真言宗智山派
■開山　泰澄大師
■本尊　薬師如来

▲この地に開山し約1300年もの歴史を誇る寺院

▲東海三十六不動の十三番札所でもある

▲右足を前に出した大黒様

**巡礼の旅情報**

この寺の大黒天は、楠の一木彫りで、その大きさは5尺もあります。右足を大きく前方に踏み出しているのが特徴で「はたらき大黒天」として親しまれています。

## 人々の苦しみを癒す大黒天

泰澄大師が、天平元年（七二九）薬師瑠璃光如来を勧請し開創して以来約1300年、法燈常に絶えることがない郷土最古級の寺です。諸病平癒（薬師瑠璃光如来）、厄よけ（弘法大師）、願かけ（不動明王）の信者が大勢集まります。祀られている大黒天はなごや七福神の一つで、大自在天《だいじざいてん》の化身で「愛楽の相を現し福徳施与の神としてこれを供養するものは貧窮転じて大福長者たらしむ」が誓願です。財をなしたいと思う人にはご利益があるかも。

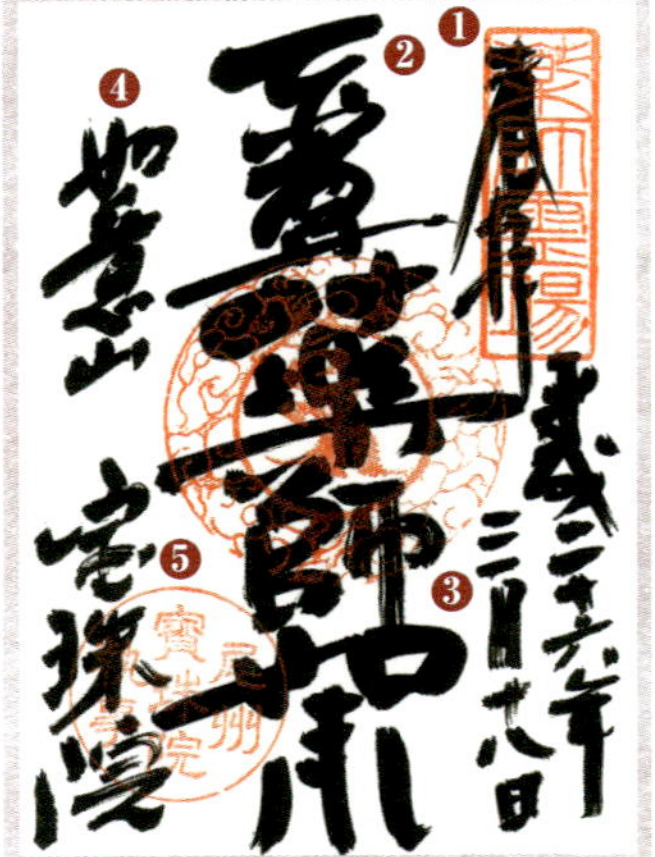


❶ 薬師霊場
❷ 本尊薬師如来
❸ 薬師如来を表す三宝印
❹ 如意山　宝珠院
❺ 尾州宝珠院執事

■所在地 名古屋市中川区中郷1-11
■電話 052-361-0638　■アクセス 地下鉄東山線「高畑駅」1番出口より、西へ徒歩約5分　■駐車場 あり（100台）
■拝観時間 9:00～17：00
■拝観料 無料 ※ご朱印代は別途

名古屋二十一大師
**第十二番**

MAP P83-⑫

なごや七福神（辯才天）

# 宝生山 辯《べん》天《てん》寺《じ》

▲庄内川沿いの緑地にある辯天寺。隣りには市民の憩いの場「惟信第一公園」がある

▲微笑みを浮かべた本尊・辯才天のお前立

▲本堂でご住職に有難いお話を聞いてみては

■宗派　真言宗智山派
■開山　舩戸 覺音
■本尊　辯才天

**ご詠歌**

妙なるや
法をとのうる
雲間より
りやくをたもう
白龍の神

## 人々の苦しみを癒す辯才天

大正14年、愛知県港区周辺の土地区画事業に尽力した服部善之助氏（諱は惟信）の寄進を受け、滋賀県の琵琶湖に浮かぶ竹生島辯才天の名古屋別院として建立された辯天寺。琵琶湖を思わせる池に囲まれ、「なごや七福神」の一つとしても信仰を集めています。

本尊の辯才天は、彦根藩主で後に徳川幕府の大老となった井伊直弼《いいなおすけ》が天守閣に安置して信仰していたもの。明治初年、井伊家から竹生島に奉納された尊像です。

❶なごや七福神　辨才天霊場
❷辨才天
❸宝珠を表す三宝印
❹多加良浦　辨天寺
❺多加良浦　大辨才天
納経之印

■所在地名古屋市港区多加良浦4-278-1
■電話052-381-2306　■アクセス地下鉄東山線「高畑駅」下車・市バス「多加良浦行」乗車・「弁天裏」下車、徒歩約5分
■駐車場あり（10台）　■拝観時間8:00～17：00（土日祝～16:00）
■拝観料無料 ※ご朱印代は別途

名古屋二十一大師
**第十三番**

MAP P85-⑬

# 花林山 弥《み》勒《ろく》院《いん》

■宗派　真言宗豊山派
■開山　侑円僧正
■本尊　弥勒菩薩

▲鮮やかな朱塗りの門が美しい

▲境内に祀られている日切弁財天

▲ご朱印を押されるご住職

## 庶民信仰が息づく弘法さま

弥勒院は、真言宗三河三弘法の1番札所である遍照院の末寺。「菖蒲池赤門寺の弘法さま」として知られており、ひときわ鮮やかな朱塗りの門が目を引きます。越前金ヶ城主、斯波家《しばけ》の祈願所で、織田信秀の焼打ちに遭いますが、天文7年（一五三八）、堯瑜法印が再興。後に名古屋城内にあった天王坊の隠居所になりました。

本堂に安置されている稚児大師は、弘法大師が誕生した時の姿で霊験あらたかな尊像として信仰を集めています。

### 巡礼の旅情報

賑やかな街中にあり、朱塗りの門が鮮やかで印象的です。境内にある池のほとりに祀られた「日切弁財天」は安産子授けにご利益があるといわれています。

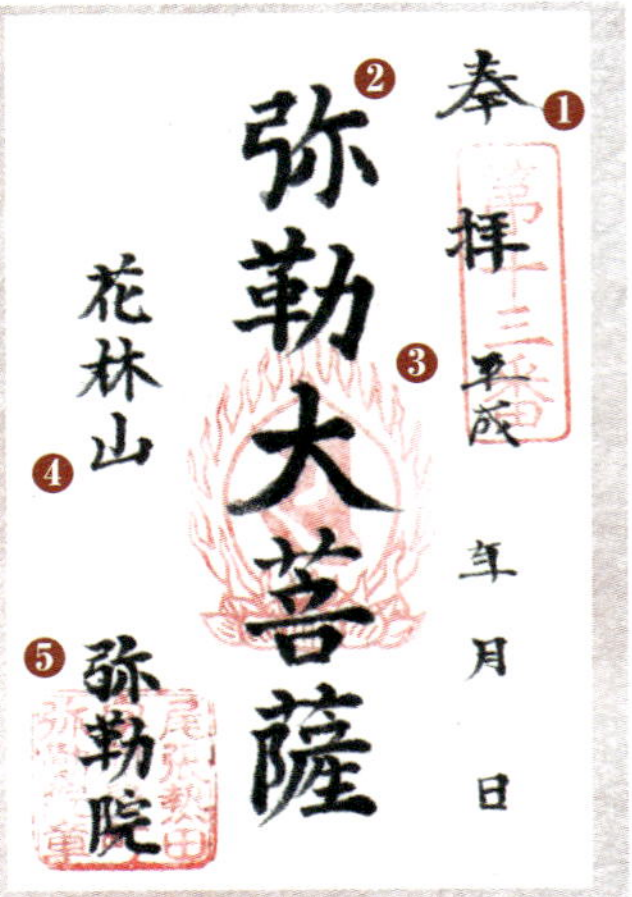


❶第十三番
❷弥勒大菩薩
❸弥勒菩薩を表す梵字
❹花林山　弥勒院
❺尾張熱田　字旗屋町
弥勒院章

■所在地名古屋市熱田区旗屋2-25-13
■電話052-671-0361　■アクセス地下鉄名城線「神宮西駅」下車、4番出口、徒歩約5分
■駐車場あり（5台）　■拝観時間8:00～17：00
■拝観料無料 ※ご朱印代は別途

▲厨子の扉を開けると雨が降るといわれる本尊の十一面観音

名古屋二十一大師

# 第十四番

MAP P85-⑭

## 雲龍山 喜《き》見《けん》寺《じ》

■宗派　真言宗智山派
■開山　頼秀
■本尊　十一面観世音菩薩

▲椿に囲まれた本堂

▲ご朱印は本堂の前の台の上にある

### 巡礼の旅情報

本堂の前に備え付けられた「摩尼車（まにぐるま）」をひと回しすると、お経を1巻読んだのと同じ功徳があるとされます。ご朱印は向かって右側の台の上に置いてあります。

### 椿に囲まれた癒しの寺

喜見寺は、正しくは「雲龍山喜見寺春養院」といい、「曽福女《そぶくめ》のお不動さま」とも呼ばれていました。弘治2年（一五五六）の建立と伝えられ、6院もの僧坊がありましたが、次第に荒廃。貞享3年（一六八六）、加藤喜佐ヱ門と加藤太郎兵ヱが再建しましたが衰退し、現在は春養院を残すのみとなりました。

本堂に安置されている十一面観音。扉を開けると雨が降るといわれ、日照りや干ばつの際に開けられたこともあるそうです。

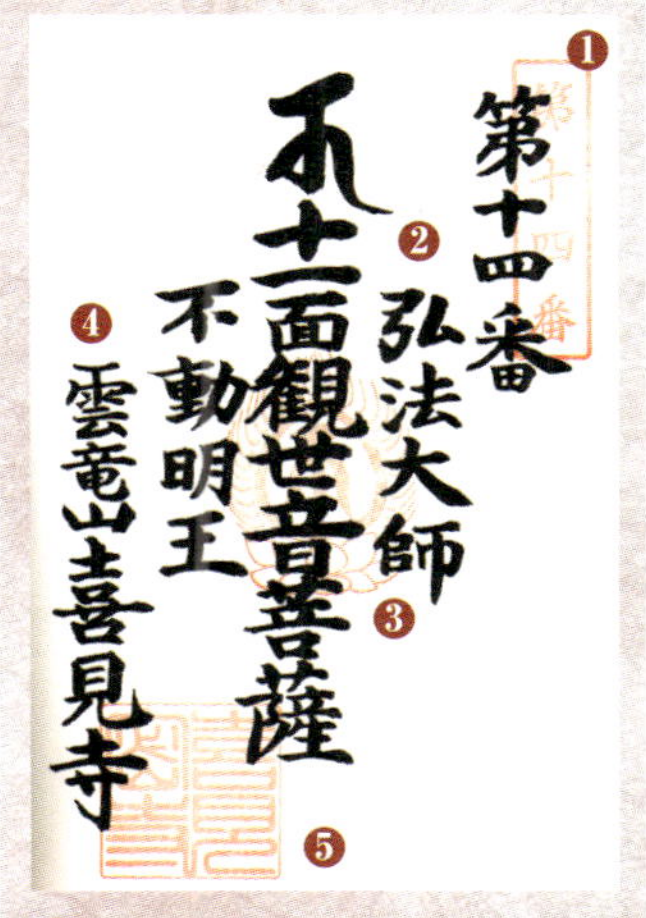


❶第十四番
❷弘法大師　十一面観世音菩薩
❸不動明王
雲竜山喜見寺
❹十一面観音を表す梵字
❺喜見密寺

■所在地名古屋市熱田区神宮2-4-10
■電話052-671-0916　■アクセス地下鉄名城線「伝馬町駅」下車、1番出口、徒歩約5分
■駐車場あり（5台）　■拝観時間自由拝観
■拝観料無料　※ご朱印代は別途

名古屋二十一大師
# 第十五番

MAP P84-⑮

尾張六地蔵第三番（P115）

# 海底山 地《じ》蔵《ぞう》院《いん》

■宗派　真言宗醍醐派
■本尊　地蔵菩薩

▲地蔵院本堂

▲本堂横の窓を開けた所に置いてあるご朱印

▲鎌倉時代に鋳造されたと伝えられる湯浴地蔵

## お湯を浴びせて祈願した湯浴地蔵

東海道と鎌倉街道の交差する場所に建つ地蔵院。尾張六地蔵の第三番目の霊場でもあります。

格子戸で隔てられたうす暗い本堂の奥にひっそりと安置されている地蔵菩薩は「湯《ゆ》浴《あみ》地蔵」と呼ばれています。「湯浴地蔵略縁起」によれば今を去ること700有余年の昔、当時海沿いであった呼続《よびつぎ》の浜辺に打ち上げられていたとされ、人々がお湯を浴びせて祈願したと伝えられています。

### 巡礼の旅情報

本堂の前にある一対の花壺は、愛知県生まれの豪商・伊藤萬蔵氏の寄進によるもの。信仰心の篤かった萬蔵氏は、全国各地の寺社に数多くの石造物を寄進したことで知られています。

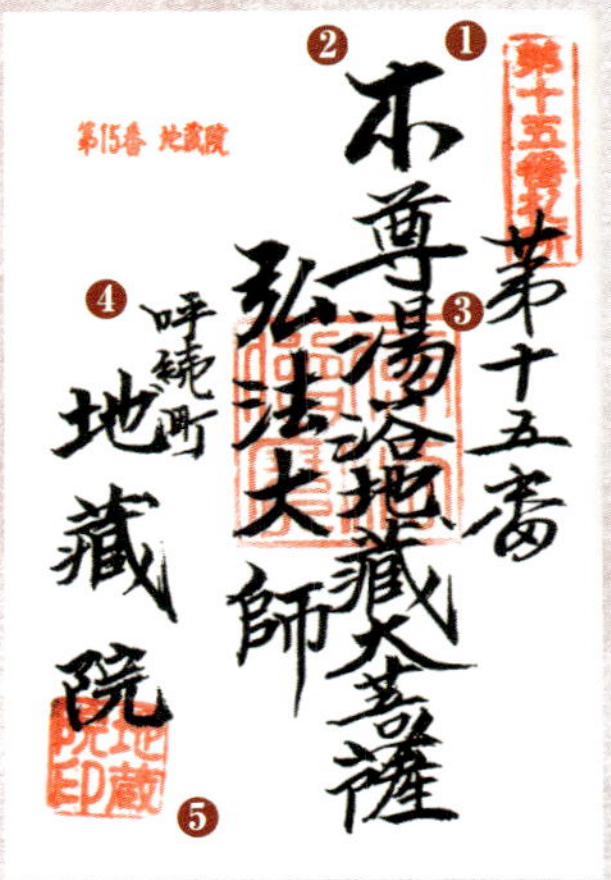


❶第十五番札所
❷本尊湯浴地蔵大菩薩
弘法大師
❸三宝印（仏法僧宝）
❹呼続町　地蔵院
❺地蔵院印

■所在地 名古屋市南区呼続3-11-27
■電話 0568-22-3304（愛行院）　■アクセス 地下鉄桜通線「桜本町駅」3番出口より、徒歩約8分
■駐車場 あり（3台）　■拝観時間 自由参拝
■拝観料 無料 ※ご朱印代は別途

名古屋二十一大師
# 第十六番

MAP P84- 16

なごや七福神（恵比須）

笠寺観音

# 笠《りゅう》覆《ふく》寺《じ》

▲笠覆寺（笠寺観音）本堂

▲笠をかぶった観音様の姿が描かれた絵馬

▲ご朱印を押して頂いた住職

■宗派　真言宗智山派
■開山　禅光（善光）上人
■本尊　十一面観世音菩薩

**ご詠歌**

みづからは
ぬれつ、
われにおほいする
あまのはやしに
笠はくちせじ

## 心優しき娘を苦から救った寺

夢告を受けた禅光上人が呼続浜に打ち上げられた霊木に十一面観音を刻み、天林山小松寺を建立し、霊像を安置したのが始まり。平安時代になると寺は荒廃し、観音様も雨ざらしになっていましたが、一人の信心深い娘が笠を被せて雨露から守りました。後に娘は、関白・藤原基経《ふじわらのもとつね》の息子、兼《かね》平《ひら》に見初められて結婚しました。信仰心の篤い夫妻は観音様に感謝し、この地に仏殿坊舎を建て、姫が笠をかぶせたことにちなみ、笠覆寺と改称しました。

❶尾張四観音ノ一
尾張三十三観音三番
名古屋二十一大師十六番
❷大悲閣
❸十一面観音を表す梵字
❹笠寺観音
❺天林山笠覆寺之印

■所在地名古屋市南区笠寺町上新町83
■電話052-821-1367（8:00～16:00）
■アクセス名鉄名古屋本線「本笠寺駅」下車、徒歩5分
■駐車場あり（10台）　■拝観時間8:00～16:00
■拝観料無料※ご朱印代は別途

HP：http://kasadera.jp

名古屋二十一大師
## 第十七番

MAP P85-17

# 増益山 大《だい》喜《ぎ》寺《じ》

▲本尊の大日如来のお姿を写したお前立。本尊は「熱田神宮の本地仏」とされ秘仏

▲弘法大師手植えの松跡。由来を示す石碑が建つ

▲大松石地蔵坐像石仏。現存する尾張最古の石仏

■宗派　真言宗豊山派
■開山　弘法大師
■本尊　大日如来

**ご詠歌**

みずほたりほの
たのひかり
ほうねんおどる
だいぎじのあき

## 弘法大師手彫りの大日如来

本尊の大日如来は弘法大師の手彫りとされ、「熱田神宮の本地仏」として秘仏になっています。富士山の浅間神社に参詣の途中、熱田神宮に参篭した大師は夢告により、神宮東方にあった坊の山に大日堂を建立。その時に彫った5体の仏像のうちの1体なのだそうです。後世、高野山からきた光音上人が、現在地に安置。本尊の左右にある、葵の紋の一対の時計燈明台は、尾張徳川家7代藩主・宗春の母、宣陽院（梅津）から賜ったものです。

❶名古屋二十一大師霊場
第17番札所
❷弘法大師　熱田皇大神宮地佛
本尊大日如来
❸大日如来を表す梵字
❹増益山大喜寺
❺大喜寺

■所在地名古屋市瑞穂区大喜町3-20
■電話052-851-2966　■アクセス地下鉄桜通線「瑞穂運動場西」下車、4番出口より徒歩約25分
■駐車場あり（4台）　■拝観時間随時受付
■拝観料無料　※ご朱印代は別途

▲地元では海上寺という名より「乳花薬師」の名前で広く親しまれている

▲かつては乳型を奉納。今では絵馬の奉納が多い

▲明治 40 年に創建の客殿に乳花薬師が安置

名古屋二十一大師

# 第十八番

MAP P85-⑱

# 龍王山 海《かい》上《じょう》寺《じ》

■宗派　真言宗豊山派
■開山　弘法大師
■本尊　薬師如来

## 母親には母乳を授ける乳花薬師

弘法大師が東国を巡った折りに熱田神宮に参拝した際、神宮の鬼門除けとして建立された伝えられます。江戸末期、俗に「栗薬師」と呼ばれていましたが、明治になり乳花薬師如来が横三ツ蔵町から奉還されて以来「乳花薬師《ちばなやくし》」と呼ばれるようになりました。出産した女性が乳型のぬいぐるみや絵馬を奉納すると母乳の出が良くなると伝えられ、逆に母乳の出が良すぎる場合には乳あずけというご利益もあるとされます。

### 巡礼の旅情報

昔、寺の西側には入り江が広がっており、高台から海を望む寺として「海上寺」と名付けられたそうです。寛永16年、誠音法印が中興の祖となり、天保6年、現在の山門と本堂が造営されました。

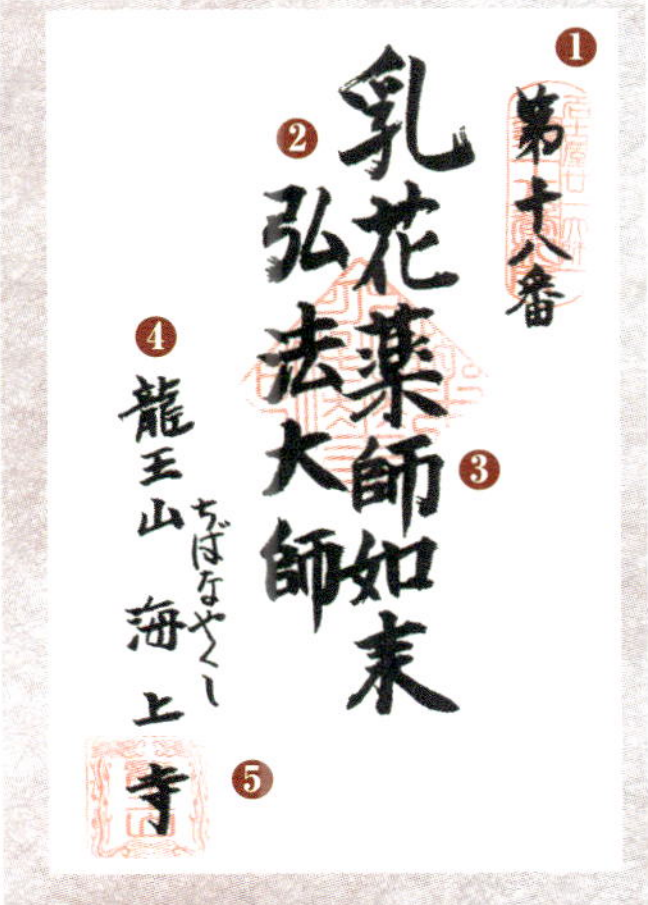


❶名古屋二十一大師
第十八番札所
❷乳花薬師如来　弘法大師
❸薬師如来の朱印
❹龍王山　海上寺
ちばなやくし
❺龍王山

■所在地名古屋市瑞穂区直来町5-5
■電話052-881-7685
■アクセス地下鉄桜通線「瑞穂区役所」下車、徒歩約15分
■駐車場あり（5台）　■拝観時間8:00～18:00
■拝観料無料　※ご朱印代は別途

名古屋二十一大師
**第十九番**

MAP P85-⑲

# 瑞穂山 金《きん》龍《りゅう》寺《じ》

▲山門。内陣の下を通り抜けて観音様の足元に出る「内陣くぐり」を体験できる

▲高さ7.6m、光背9mの十一面観音は荘厳

▲金龍寺第４代目に当たる近藤堯潤さん

■宗派　高野山真言宗
■開山　近藤堯常和尚
■本尊　十一面観世音菩薩

**ご詠歌**

長谷寺の流れを
結ぶ金龍寺
ぐぜいのりやく
あらたなりけり

## 霊木に刻まれた長谷寺観音の分身

本尊の十一面観音は、大和長谷寺観音の分身。初代住職が長谷寺で寒修行をしていた折、観音様から「長谷寺の千古の楠木を以って我が分身を造立せよ」との夢告を受けて刻まれたと伝えられています。毎年1月の第2日曜日に行われる「お砂ふみ」には、本堂に四国88ヶ所霊場各札所から集められたお砂を入れた袋が並べられ、これらを踏みながらお参りすれば、実際に遍路をしたのと同じご利益があるそうです。

❶ 第十九番
❷ 西国八番長谷寺分身霊場
本尊十一面観世音菩薩
火防大師
❸ 本尊の十一面観音を表す梵字
❹ 瑞穂観音金龍寺
❺ 金龍寺印

■所在地 名古屋市瑞穂区亀城町5-31-3
■電話 052-881-5261　■アクセス 地下鉄桜通線「桜山駅」下車、5番出口より西へ、徒歩約10分
■駐車場 あり（6台）　■拝観時間 8:00～17:00
■拝観料 無料　※ご朱印代は別途 、内陣入場は有料

▲高台に建つ本堂。かつては尾張三弘法の一つであった

名古屋二十一大師
**第二十番**

MAP P85-20

普照庵
# 龍《りゅう》福《ふく》寺《じ》

▲境内のお地蔵さま

▲ご朱印を押すご住職

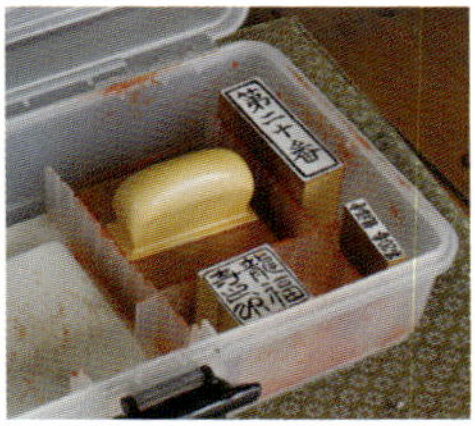
▲本堂の横に置いてあるご朱印

■宗派　高野山真言宗
■開山　普照尼
■本尊　地蔵菩薩

**ご詠歌**

はるばると
たずねきたりて
ははでらの
あつきなさけに
あうぞうれしき

## 衆生を救う地蔵菩薩の寺

元禄初年、八事興正寺（P106）の開山天瑞和尚の母である普照尼が創建。当時は興正寺が女人禁制であったため、龍福寺を高野山母寺とし、女性もお参りができるようにと満邁上人作の地蔵尊を本尊として普照庵地蔵堂を建立したのが始まり。大正初期、弘法大師が開かれたと伝えられる高野山龍福寺と地蔵堂を併せて普照庵龍福寺となりました。かつては「尾張三弘法」の最古の札所としてにぎわい、歯痛やむし歯にご利益があるとされていました。

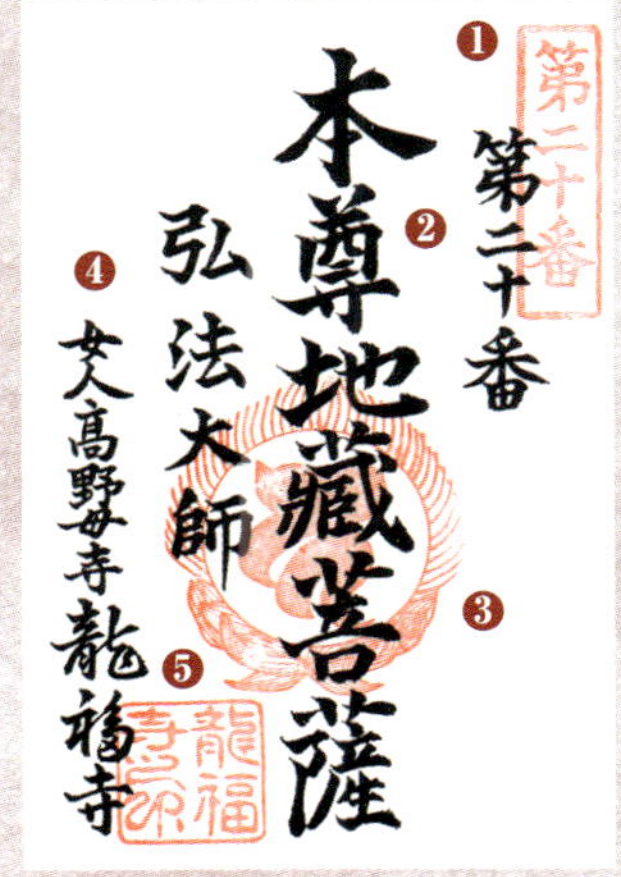


❶第二十番
❷本尊地蔵菩薩　弘法大師
❸地蔵菩薩を表す梵字
❹女人高野母寺龍福寺
❺龍福寺印

■所在地 名古屋市昭和区滝子町30-25
■電話 052-881-7507　■アクセス 市バス「金山11」「金山14」などに乗車、「滝子通2丁目」下車、徒歩約3分
■駐車場 あり（3台）　■拝観時間 8:00～17:00
■拝観料 無料　※ご朱印代は別途

名古屋二十一大師
**第二十一番**

MAP P84-21

なごや七福神（寿老人）

# 八事山 興《こう》正《しょう》寺《じ》

■宗派　真言宗
■開山　天瑞圓照和尚
■本尊　大日如来

**ご詠歌**

名も高き
尾張高野の
八事山
塔にたなびく
法の雲影

▲西山本堂。本尊の阿弥陀如来をはじめ、弘法大師や不動明王などが祀られている

▲ご朱印は納経所でいただける

▲東海三県唯一の木造の五重塔は興正寺の象徴

## 尾張徳川家の祈願寺、尾張高野

かつて八事山と呼ばれた丘陵地の一角に、高野山で修業を積み、弘法大師の五鈷《ごこ》杵《しょ》を授かった天瑞圓照《てんずいえんしょう》和尚が密教と戒律の寺を建立することを発願し、草庵を結んだのが貞享3年（一六八六）。2年後には尾張徳川家第2代藩主・光友公の帰依を受け、「八事山遍正院興正寺」として開山し、尾張徳川家の祈願所として繁栄してきました。五重塔は、東海三県唯一の木造の五重塔として国の重要文化財に指定されています。

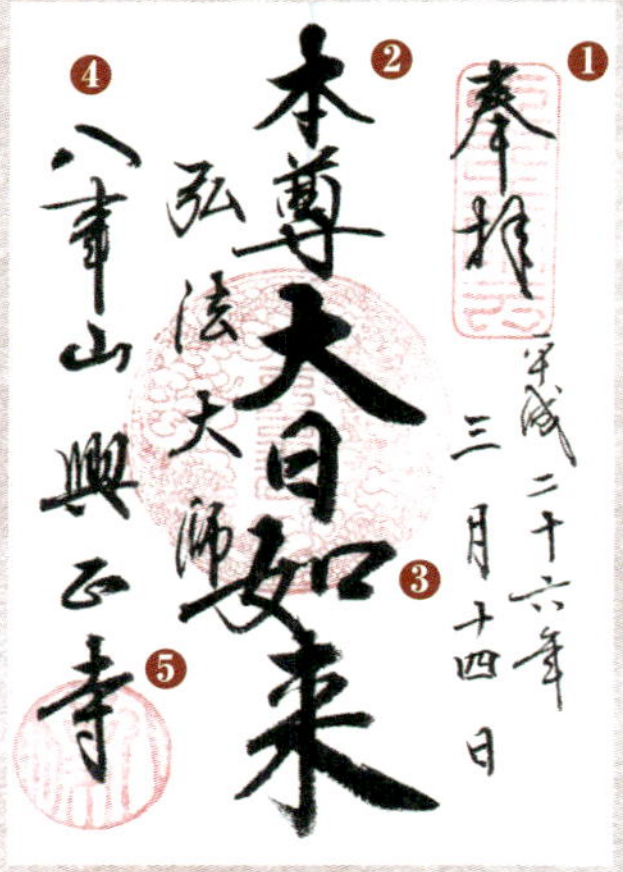


❶天雲
❷本尊大日如来　弘法大師
❸印：八事山に雲竜
❹八事山　興正寺
❺八事山の丸印

■所在地名古屋市昭和区八事本町78 ■電話052-832-2801（代表）
■アクセス地下鉄鶴舞線・名城線「八事駅」下車、1番出口徒歩約3分 ■駐車場あり（200台、有料）
■拝観時間8:00～17:00 ■拝観料無料
HP：http://www.koushoji.or.jp　※500円（普門園拝観時）・ご朱印代は別途

コラム

名古屋でミニ八十八ヶ所巡り

# 覚王山八十八ヶ所

門前町のレトロな雰囲気で、多くの若者が集う、覚王山日泰寺（名古屋市千種区）。日本で唯一のいずれの宗派にも属さない日本の全仏教徒のための寺院で、明治37年に建立されました。毎月21日は、弘法大師の縁日として、境内一円に露店が出店され終日賑わいます。縁日のその日、日泰寺周辺にあるミニ八十八ヶ所巡りも開催されています。

日泰寺の門前に佇む小さな木造のお堂。普段は、堅く扉が閉ざされていますが、21日は開かれ、このミニ八十八ヶ所を巡る巡礼者の接待や案内が行われます。この八十八ヶ所の歴史は、明治42年に、発起人の山下圓救師、世話人の伊藤萬蔵、花木助次郎、奥村新兵衛らによる勧進に始まったといわれています。本四国霊場への熱い思いを胸に、小さな複製を、大正初期までの歳月を費やし整備したと伝えられています。

このミニ八十八ヶ所は、日泰寺から北東の同寺墓地にわたっての範囲内7エリアに分かれ、小さなお堂や石仏群が点在しています。巡礼者はお賽銭にする1円玉をたくさん持って各所を巡ります。巡ると接待と称してお菓子などをいただける場合もあります。近年、この界隈はすごい勢いで土地整備や道路拡張が行われたため、移転などで不明になった札所がいくつかあります。午後2時には閉めてしまう札所もありますので、早朝からスタートがおすすめです。

コラム

# 尾張四観音と名古屋城

名古屋二十一大師の第16番札所として紹介した笠覆寺（笠寺観音・P101）。この寺は、尾張四観音の一つとしても数えられています。

名古屋城築城の際、徳川家康が名古屋城から見て鬼門の方角にあたる4つの寺院を、名古屋城の鎮護として尾張四観音と定めたそうです。それ以来、尾張を守護する観音様として信仰を集めています。

城から見て、その年の恵方に一番近い観音寺へお参りをするとご利益があると言われています。恵方は笠寺観音→龍泉寺→観音寺（荒子観音）→笠寺観音→甚目寺の順に5年で一巡するようになっていて、毎年盛大な節分祭が行われます。

| | |
|---|---|
| 松洞山 龍泉寺 | 名古屋市守山区竜泉寺1-902 |
| 浄海山 観音寺 | 名古屋市中川区荒子町字宮窓138 |
| 天林山 笠覆寺 | 名古屋市南区笠寺町字上新町83 |
| 鳳凰山 甚目寺 | あま市甚目寺町甚目寺東門前24 |

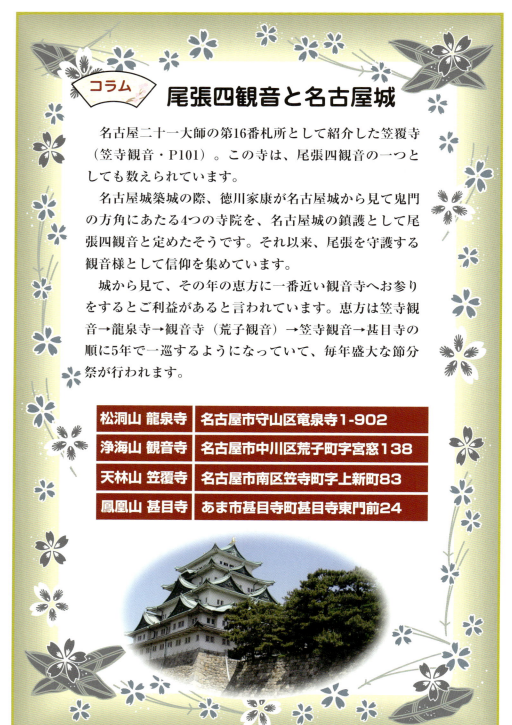

# 尾張六地蔵霊場

# 尾張六地蔵めぐり

## 六道輪廻を観ずる旅

よく耳にする「六地蔵」。日本では、地蔵菩薩の像を6体並べて祀った六地蔵像がお墓などでもよく見られます。。これは、仏教の六道輪廻の思想（全ての生命は6種の世界に生まれ変わりを繰り返すとする）に基づき、六道のそれぞれを6種の地蔵が救うとする説から生まれたものです。六道とは、

地獄道…罪悪を犯すことで受ける責め苦。

餓鬼道…貪欲や嫉妬による苦しみ。

畜生道…反省しない愚かさによる苦しみ。

修羅道…争い、他者を打ち負かそうとすることによって受ける苦しみ。

人間道…身体と生活にまつわる苦しみ。

天道…快楽に満たされても、必ずそれを失う苦しみ。

有難い地蔵様を巡りながら、己の中の六道を顧みて、苦しみや迷いから脱する。六地蔵巡りは、そんな旅なのかもしれません。

## 巡る前にこれをチェック!!

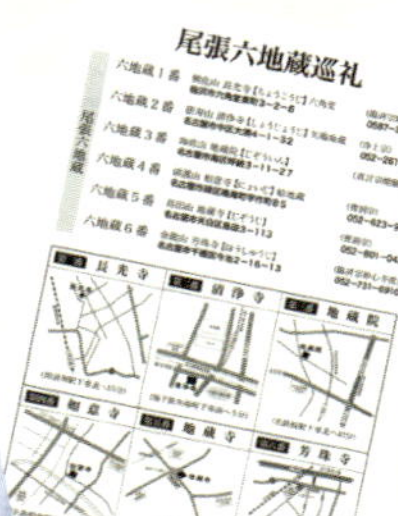


最近では尾張六地蔵の巡礼者は少なくなり、ご朱印を自分で押すという寺院も少なくありません。寺院の墨書が先に書かれている納経帳を購入すると、住職不在の場合などで墨書がいただけない場合でも安心です。また、各寺院には、左の尾張六地蔵巡りのリーフレットが置いてありますので、参考にしてください。

## 尾張六地蔵を電車とバスで２日間で巡るコース

清洲駅へは、名古屋駅から JR 東海道本線でアクセス

**1日目**　❶長光寺（JR 清洲駅下車）→ 東海道本線・地下鉄 → ❷清浄寺（地下鉄矢場町駅下車）→ 地下鉄 → ❻芳珠寺（地下鉄千種町駅下車）

島田バス停へは、地下鉄名城線「新瑞穂駅」から市バス（島田方面）でアクセス

**2日目**　❺地蔵寺（市バス島田停下車）→ 市バス・名鉄 → ❸地蔵院（名鉄桜駅下車）→ 名鉄 → ❹如意寺（名鉄鳴海駅下車）

| | |
|---|---|
| ❶ 興化山 長光寺 | 愛知県稲沢市六角堂東町 3-2-8 |
| ❷ 徳寿山 清浄寺 | 愛知県名古屋市中区大須 4-1-32 |
| ❸ 海底山 地蔵院 | 愛知県名古屋市南区呼続 3-11-27 |
| ❹ 頭護山 如意寺 | 愛知県名古屋市緑区鳴海町字作町 85 |
| ❺ 島田 地蔵寺 | 愛知県名古屋市天白区島田 3-113 |
| ❻ 金龍山 芳珠寺 | 愛知県名古屋市千種区今池 2-16-13 |

尾張六地蔵
## 第一番

MAP P111-❶

尾張国六地蔵第六番

# 興化山 長《ちょう》光《こう》寺《じ》

汗かき地蔵

▲室町時代の永正７年（1510）に建てられた六角堂。昭和 35 年に国の重要文化財に指定

▲織田信長ゆかりの井戸「臥松水」の跡がある

▲楼門は江戸時代の建立で稲沢市指定文化財

■宗派　臨済宗妙心寺派
■本尊　聖観音菩薩

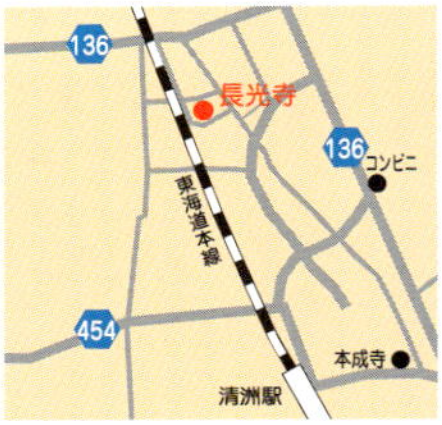


## 平頼盛が安置した地蔵菩薩

応保元年（一一六一）大納言平頼盛《たいらのよりもり》が病に伏した折、路傍に安置された地蔵の霊験で病が全快。頼盛が法隆寺の大工元勝を用い六角堂を建て、その地蔵を安置したのが起源。建武３年（一三三六）に足利尊氏の祈願所に、延元３年（一三三八）、莫大な寄進を受け、法相宗に属し長光寺寛林院と号することになりました。明応８年（一四九九）、臨済宗に転じ現在の寺号となり、慶長６年（一六〇一）、清洲城主松平忠吉《まつだいらただよし》から寺領捨石の寄附を受けました。

### 巡礼の旅情報

地蔵は別名「汗かき地蔵」といわれ、大きな事件や災害があるときには汗をかくという伝説があります。

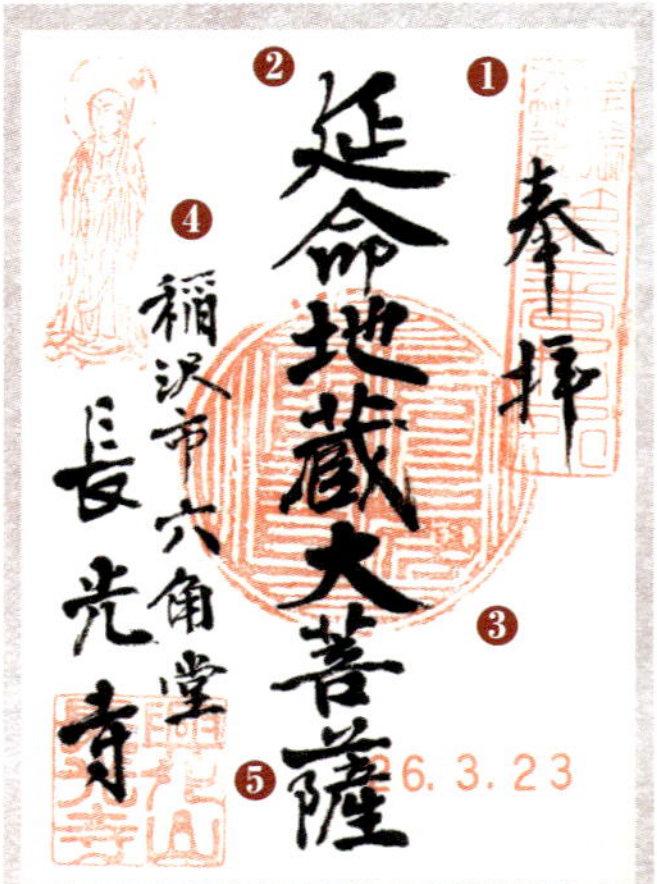


❶尾張六地蔵第一番札所
❷延命地蔵大菩薩
❸三宝印（仏法僧宝）
❹稲沢市　六角堂　長光寺
❺興化山長光寺

■所在地愛知県稲沢市六角堂東町3-2-8
■電話0587-32-3971
■アクセスJR東海道本線「清洲駅」より、北へ徒歩約15分
■駐車場あり（7台）　■拝観時間9:00～17:00
■拝観料無料 ※ご朱印代は別途

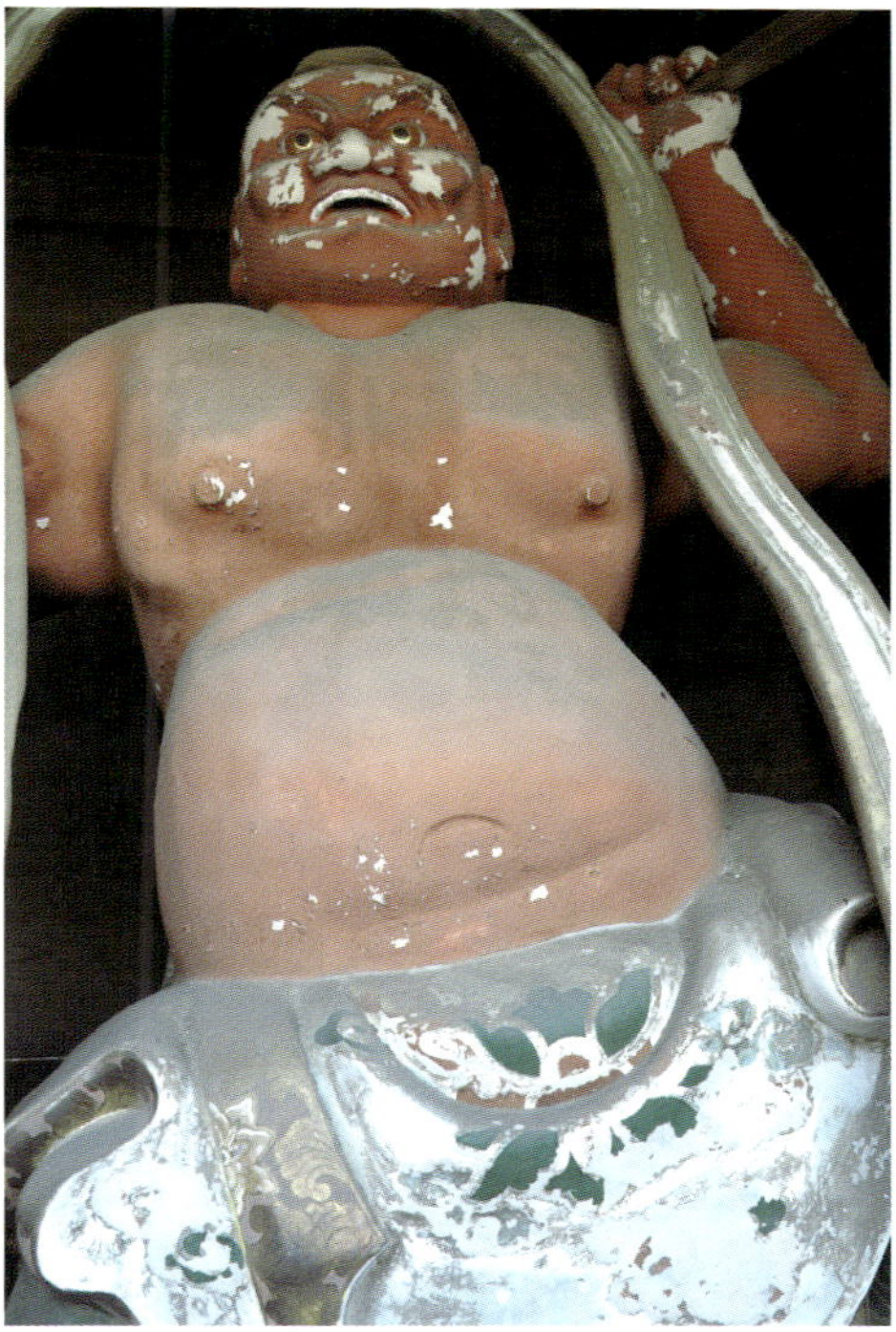

▲楼門に配された仁王像は、江戸時代中期の作

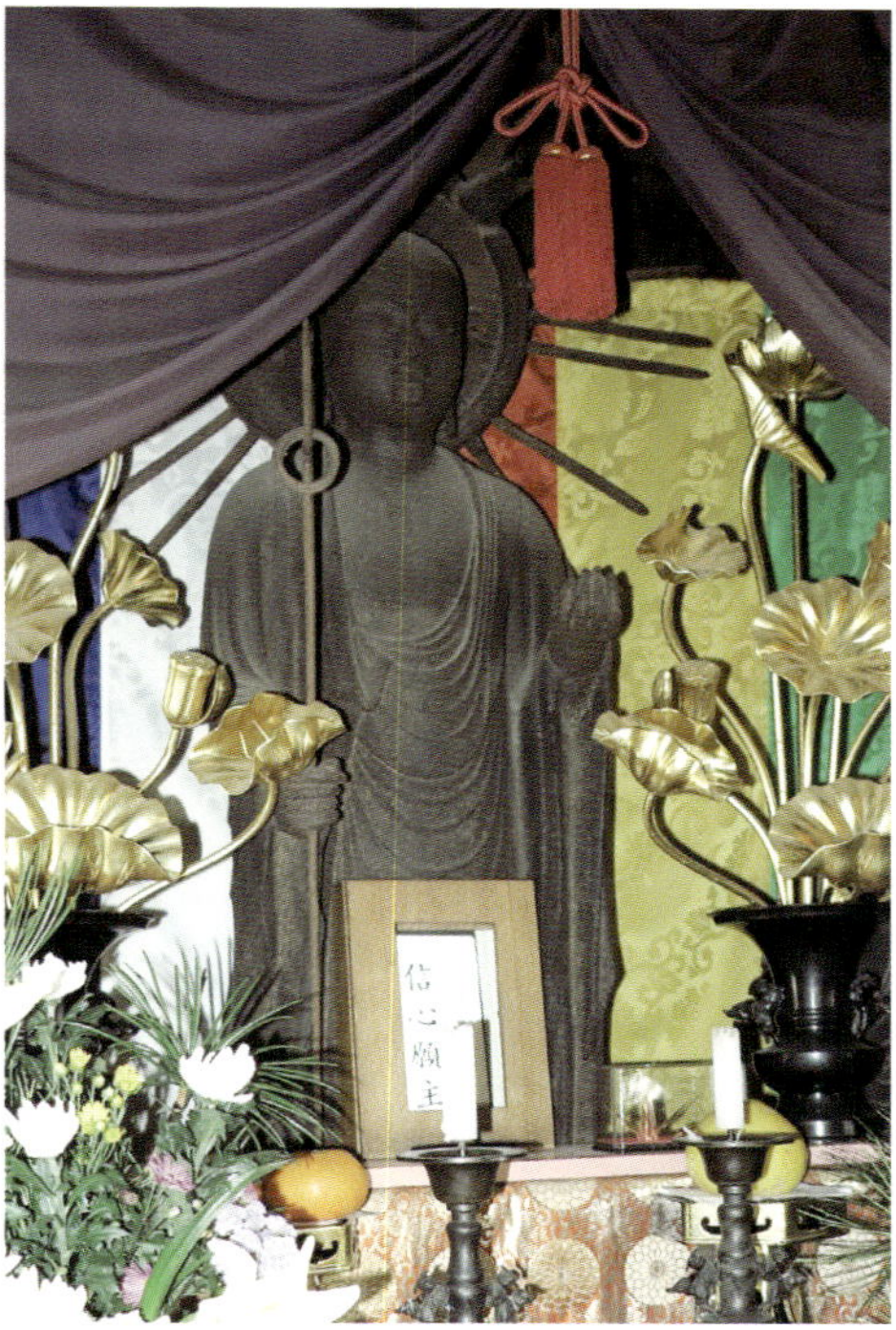

▲本尊の地蔵菩薩立像は重要文化財。年２回、ご開帳される

## コラム　尾張で最も古い!?「尾張國六地蔵」

島田地蔵寺（P116）には、安政2年（1855）の尾張六地蔵の奉納額があります。つまり、江戸後期には、「尾張六地蔵」が存在していたことがわかります。しかし、昭和初期の資料を見ると「尾張國六地蔵」という記述が見られ、「中島郡一宮彼岸畷の地蔵から始まり、中島郡六角堂まで」と書かれています。確かに、一宮市木曽川町の剣光寺には、案内に「古来より当寺は、尾張六地蔵第一番の霊場にして　黒田の地蔵と広く崇められ、建久元年庚戌（1190）12月17日　征夷大将軍源頼朝上洛の折り　当寺に詣り地蔵菩薩を拝し　歓喜渇仰殊に深く　携ふる宝剣を奉納し　又　田園を寄進し　以って奉祀の資となす。寺号は　是の宝剣の故事謂れに由来する」と書かれています。剣光寺には「尾張六地蔵第一番」の碑もあり、この尾張國六地蔵が尾張で最も古い六地蔵ではないかとの説もあります。尾張國六地蔵では、長光寺は第六番札所となります。

島田地蔵寺に残された奉納額

**尾張國六地蔵札所とされている寺院**

- 第一番　剣光寺（一宮市木曽川町黒田字寺東9）
- 第二番　常観寺（江南市小折町八竜114）
- 第三番　観聴寺（名古屋市熱田区金山町1-10-8）
- 第四番　真長寺（犬山市向山7）
- 第五番　釜地蔵寺（愛西市根高町古堤己新田126）
- 第六番　長光寺（稲沢市六角堂東町3-2-8）

尾張六地蔵
**第二番**

MAP P111-❶

# 徳寿山 無量院 清《しょう》浄《じょう》寺《じ》

矢場地蔵

■宗派　浄土宗
■本尊　阿弥陀如来

▲大須の大津通り沿いにある清浄寺。フリーマーケットなどを開催し文化の発信基地としても貢献

▲境内には松尾芭蕉と榎本馬州 の句碑がある

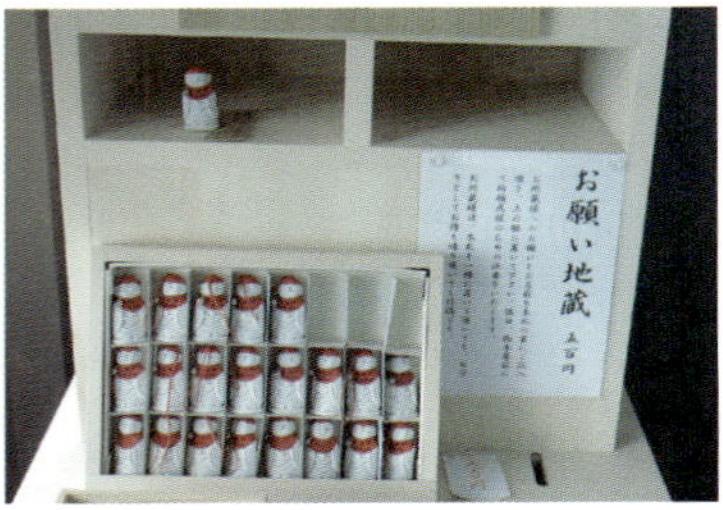

▲本堂で販売されている、かわいい「お願い地蔵」

## 三葉葵の紋が許された寺

大須の繁華街にある静かな癒しの寺院。斯《し》波《ば》氏一族の牧大和守義清が小林城を築いた城跡に、曠譽廓龍上人に帰依していた尾張藩第二代の徳川光友が徳川家累代の祈願所として創建。名古屋空襲を受け、七堂伽藍が焼失してしまいましたが、昭和33年4月に鉄筋コンクリート造りの地蔵堂兼本堂を再建しました。境内には、高さ5mのジャンボ延命地蔵をはじめ、子育て地蔵、六地蔵菩薩などたくさんのお地蔵様が安置されています。

**巡礼の旅情報**

秘仏・延命地蔵菩薩は、後光明天皇の時代に美濃の念仏者が越中立山の地獄谷から持ち帰ったもの。名古屋城を経て当寺に安置されました。

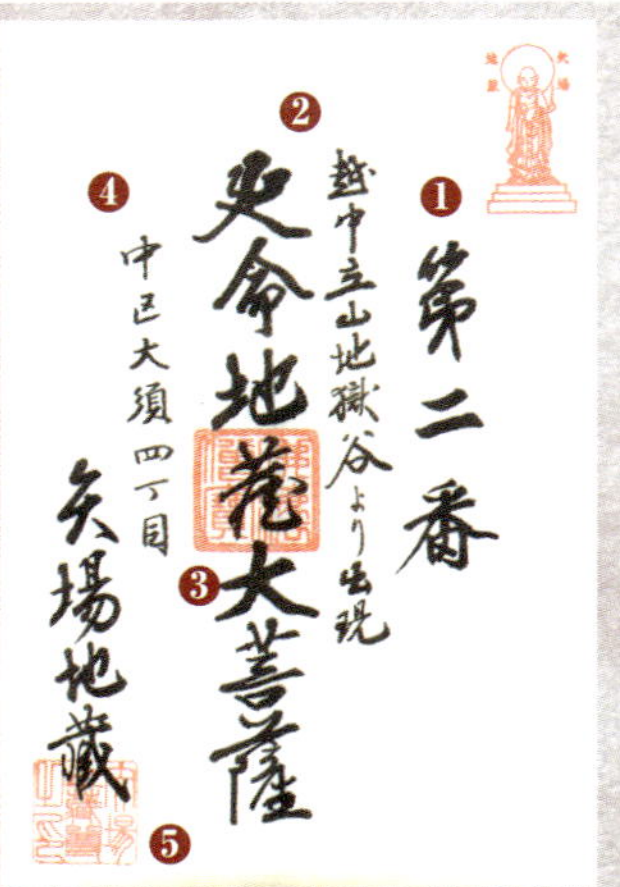


❶第二番
❷越中立山地獄谷より出現
　延命地蔵大菩薩
❸三宝印（仏法僧宝）
❹中区大須四丁目　矢場地蔵
❺矢場地蔵清浄寺

■**所在地**名古屋市中区大須4-1-32
■**電話**052-261-8008　■**アクセス**地下鉄名城線「矢場町駅」4番出口より、南へ徒歩約5分　■**駐車場**あり（3台）
■**拝観時間**9:00〜17:00　■**拝観料**無料 ※ご朱印代は別途
■HP http://www.yaba-jizo.com

第三番札所の「地蔵院」は、名古屋二十一大師（P100）をご参照下

尾張六地蔵

## 第四番

MAP P111-❹

# 頭護山 如《にょ》意《い》寺《じ》

蛤地蔵

■宗派　曹洞宗
■本尊　如意輪観音

▲県道 222 号線沿いの鳴海保育園を目指す。山門前の「蛤地蔵」の小さな看板が目印

▲弘法堂。四国直伝弘法八十八ヶ所霊場三番札所

▲蛤地蔵が安置されている地蔵堂

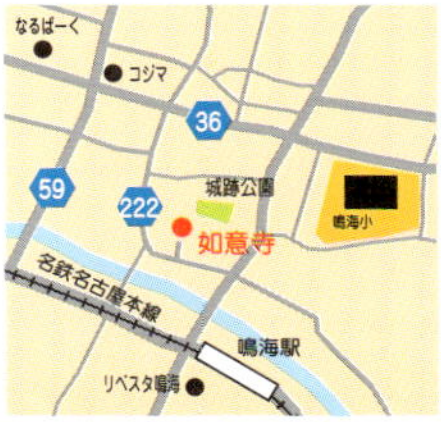


## 人々を飢餓から救った蛤菩薩

康平2年（一〇五九）に真言宗寺院として開山し、後に曹洞宗お寺となりました。創建当時は青鬼山地蔵寺で、鳴海町上ノ山方面にあったが、弘安5年（一二八二）に長母寺の無住国師が如意輪観音を本堂に祀り、現在地に移転。応永20年（一四一三）現在の山号、寺名とした。地蔵堂に安置される蛤地蔵《はまぐりじぞう》は、大飢饉になった際、足元から大量の蛤が生まれ出て多くの人々を飢餓から救ったと伝えられています。

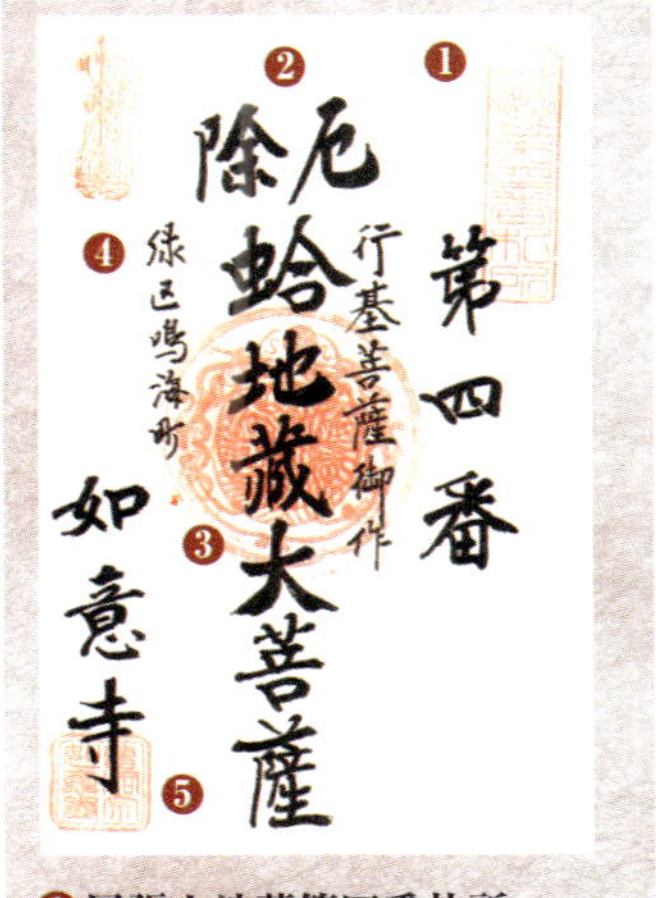


❶尾張六地蔵第四番札所
❷除厄　行基菩薩御作
　蛤地蔵大菩薩
❸三宝印（仏法僧宝）
❹緑区鳴海町　如意寺
❺曹洞宗　如意寺

### 巡礼の旅情報

「せき地蔵」も安置されていて、喘息を治すお地蔵様として有名でお参りが大変多いです。カーナビが極狭な路地を案内する場合あり、注意して下さい。

■所在地名古屋市緑区鳴海町字作町85
■電話052-623-9168
■アクセス名鉄名古屋本線「鳴海駅」から、北へ徒歩3分
■駐車場あり（3台）　■拝観時間9:00～17:00
■拝観料無料 ※ご朱印代は別途

尾張六地蔵
**第五番**

MAP P111-5

# 島田 地蔵寺《じぞうじ》

汗かき地蔵

■宗派　曹洞宗
■本尊　阿弥陀如来

▲熊坂長範の伝説が残る毛替地蔵。恵心僧都・源信（942 ～ 1017）の作と伝わる

▲本尊阿弥陀如来が安置されている本堂

▲毛替地蔵は別名「雨降地蔵」とも呼ばれている

## 篤い信仰が集まる毛替地蔵

当寺は、嘉吉2年（一四四二）に福井県の大本山永平寺から樵山和尚が当地に来て「島田山広徳院」として建立。樵山和尚はもと鐘崎《かねさき》式部《しきぶ》太夫《だゆう》源種国《みなもとのたねくに》という武士でしたが、出家して大いに禅風を興した傑僧と伝えられています。

その後、明応9年（一五〇〇）には鳴海端泉寺六世大雲秀建和尚によって毛替《けがえ》地蔵尊を本尊として「古廐山地蔵寺」と改名。東海地方で最古の地蔵尊の掛軸があり、本尊の阿弥陀如来は定朝《じょうちょう》作と伝わっています。

### 巡礼の旅情報

大泥棒の熊坂長範の馬盗変毛の伝説が伝えられる毛替地蔵尊は、恵心僧都作といわれています。髪の毛の悩みにご利益があるお地蔵様です。

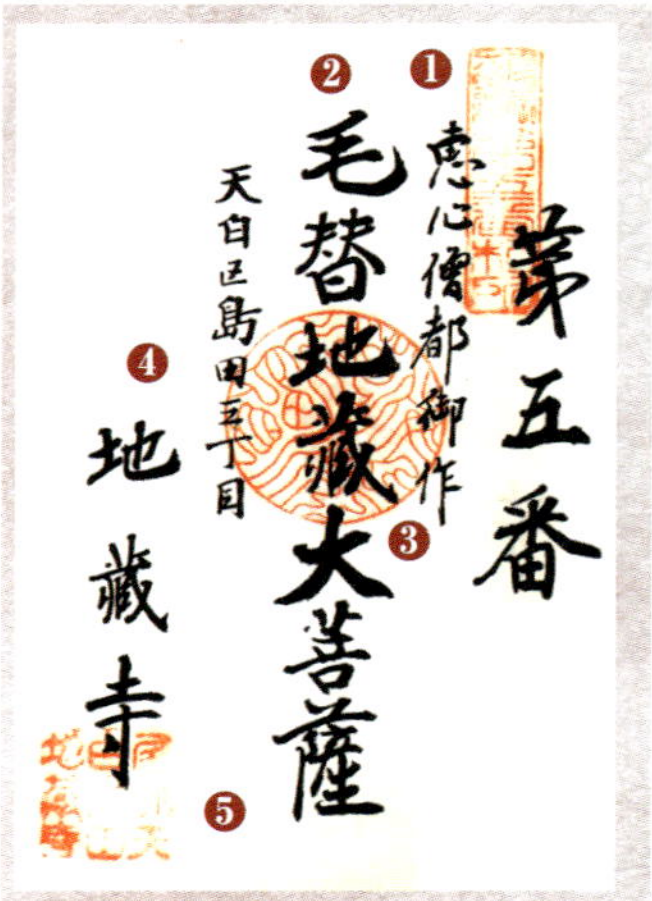


1 尾張六地蔵第五番札所
2 恵心僧都御作
毛替地蔵大菩薩
3 三宝印（仏法僧宝）
4 天白区島田三丁目　地蔵寺
5 尾洲天白島田地蔵寺

■所在地 名古屋市天白区島田3-113
■電話 052-801-0432　■アクセス 地下鉄鶴舞線「植田駅」より、市バス島田方面「島田」下車すぐ
■駐車場 あり（30台）　■拝観時間 9:00～17:00
■拝観料 無料※ご朱印代は別途　■HP http://www.jizoji.or.jp

尾張六地蔵
**第六番**

MAP P111-❻

▲立派な構えの山門。延命地蔵の大きな石柱が静かに佇んでいる

# 金龍山 芳《ほう》珠《しゅう》寺《じ》

延命地蔵

▲弘法堂の横には三十三観音像が並ぶ

▲延命地蔵が安置されている本堂

■宗派　臨済宗妙心寺派
■本尊　延命地蔵菩薩

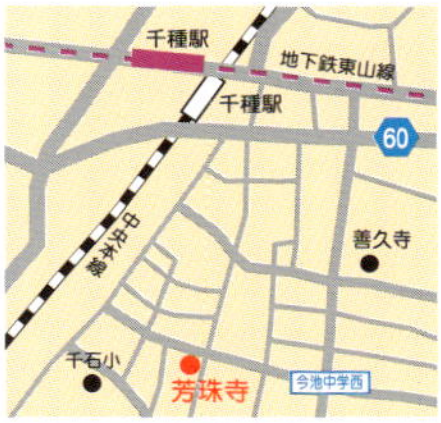


## 平安期から伝わる地蔵尊

豪族小井出登氏の城があり、寺を構えて守りをしたのが始まりと伝えられています。文献には、慶長2年（一五九七）曹洞宗光正院（千種区今池）の久岳和尚が地蔵堂のみとなっていた寺の伽藍を整備して宝珠寺としたと書かれています。延享2年（一七四六）、臨済宗の法を興して芳珠寺と改名。3年後、妙心寺直末となりました。本尊は秘仏・延命地蔵菩薩。南北朝から室町時代の作で、寄木作りで木造の地蔵尊としては名古屋最古とされています。

### 巡礼の旅情報

延命地蔵は名古屋で最も古い木彫りのお地蔵様で、年号ごとにご開帳されています。

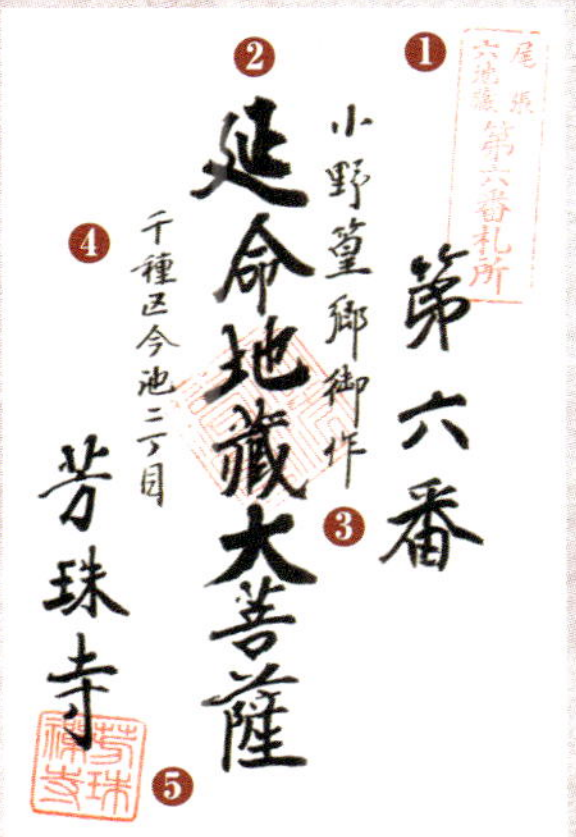


❶尾張六地蔵第六番札所
❷小野篁郷御作
延命地蔵大菩薩
❸三宝印（仏法僧宝）
❹千種区今池二丁目　芳珠寺
❺芳珠禅寺

■所在地名古屋市千種区今池2-16-13
■電話052-731-6910　■アクセスJR中央本線・地下鉄東山線「千種駅」から、南へ徒歩約10分
■駐車場あり（20台）　■拝観時間9:00～17:00
■拝観料無料 ※ご朱印代は別途

コラム

# ご朱印に用いられる梵字

ご朱印の中央では、その寺院の本尊になっている仏様を、墨書やご朱印で表します。また、その仏様を表す梵字が使われることも多いです。主な仏様を表した梵字を紹介します。右は名古屋二十一大師第17番札所・大喜寺（P102）のご朱印ですが、中央の印に、本尊である大日如来を表す梵字が使われています。

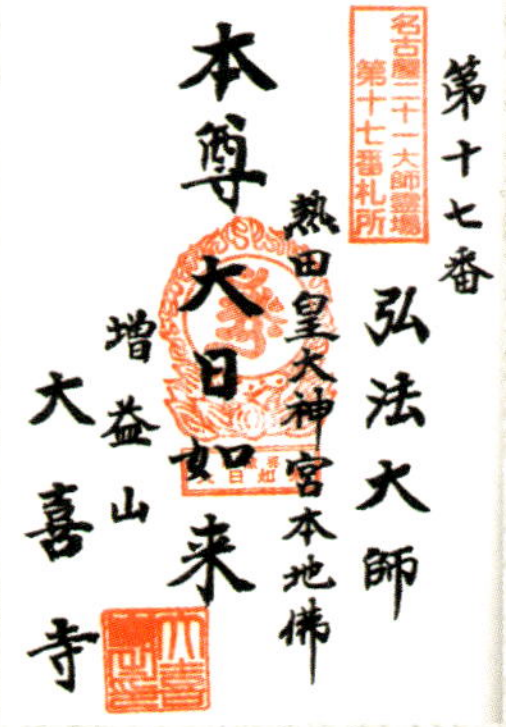

大日如来（金剛界）
読み「バン」
※大日如来を表す梵字には様々なものがあります。

聖観音菩薩
読み「サ」

千手観音菩薩
阿弥陀如来
読み「キリーク」

地蔵菩薩
読み「カ」

不動明王
読み「カーン」

勢至菩薩
読み「サク」

# 三河三封寺霊場

# 三河三封寺めぐり

## 病を封じる三寺院

高齢化社会が進むなか、健康は以前にも増して多くの人々の願いとなりました。海山の豊かな自然に抱かれた三河は、古くから観光地であると同時に、寺社の数が全国有数で聖地であるとも言えます。こうした環境のもと、全国から信仰心の篤い人々が三河の地を訪れ、様々な巡礼地が生まれたのでしょう。

三河三封寺は、「ガン封じ」の無量寺、「中風除け」の妙善寺、「ぼけ封じ」の養学院の三寺から構成されています。休日平日問わず、連日多くの方が参拝に訪れ、その多くが予防祈願者ですが、中には自分や身内などが抱える病の苦しみを封じるための強い気持ちを取り戻すために祈りを捧げる方もいます。各寺院では年中ご祈祷も受けられます。また、団体の場合は住職による「健康法話」を聞くこともできます。

## 巡る前にこれをチェック!!

赤い表紙が印象的な三河三封寺の納経帳。ご朱印を受けるページには各寺院の歴史など、詳しい解説が掲載されています。また、寺院によっては年中行事などが紹介されたパンフレットもありますから、ご朱印をいただく際に尋ねてみてください。

## 三河三封寺を公共交通機関で 1 日で巡るプラン（名古屋駅起点）

名古屋駅より東海道本線新快速で豊橋駅へ（約40分）。豊橋駅から飯田線で豊川駅へ（約12分）

**③養学院**
豊川駅下車。寺院まで徒歩約20分。またはタクシーで約7分

→ 飯田線・東海本線で蒲郡駅へ（約30分）。名鉄蒲郡線に乗換え、西浦駅下車（約10分）

**①無量寺**
西浦駅より徒歩約3分

→ 名鉄蒲郡線で東幡豆駅へ（約５分）

**②妙善寺**
東幡豆駅より徒歩約2分

※時間は乗継ぎなどで多少変わります。

三河三封寺
# 第一番

MAP P121-❶

## 西浦山 無《む》量《りょう》寺《じ》

ガン封じ

■宗派　真言宗醍醐派
■本尊　不動明王

▲厄除け癌封じの寺で知られる平安時代の古刹。本尊の通称「西浦不動」は秘仏となっている

▲中国西安の大雁塔を復元した仏塔（高さ 20m）

▲1000 体の石仏などが配された千仏洞めぐり

**ご詠歌**

やくよけと
ガンびょうふうじの
ぐわんなれば
ふどうたのもし
にしうらのさと

### がん予防の名物説教が人気

創建は天暦5年（九五一）で、ガン封じの寺として知られ、名物となっている住職によるユニークなガン予防の法話や祈祷などが行なわれています。中国の石窟寺院をモデルにした千仏洞めぐり（拝観無料）があり、薄暗い洞内に数々の磨崖仏や大日如来・薬師如来坐像などが安置されています。寺宝もたくさんあり、本尊の木造不動明王坐像付十二天立像は蒲郡市指定文化財に、境内の大クスは市指定天然記念物に指定されてます。

❶癌封寺
❷梵字・西浦不動尊
❸不動明王を表す梵字
❹西浦山　無量寺
❺西浦不動　無量寺

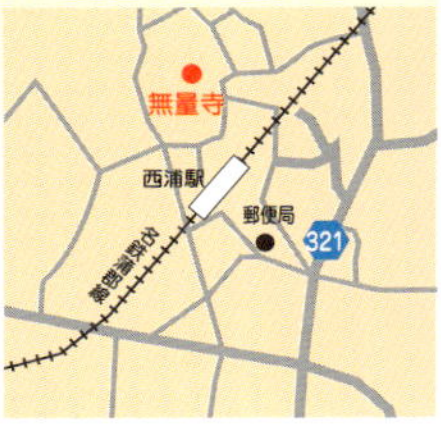


■所在地愛知県蒲郡市西浦町日中30　■電話0533-57-3865
■アクセス名鉄蒲郡線「西浦駅」から、北へ徒歩約3分
■駐車場あり（30台）
■拝観時間 8:00～17:00（入場は16:00まで）
■拝観料無料　※宝物殿（大人500円）、ご朱印代は別途

▲大きなしゃもじに「ハズ観音」の文字。毎年７月の土用の丑の日には「ほうろく灸」行事が行われる

三河三封寺
第二番

MAP P121-❷

# 性海山 妙《みょう》善《ぜん》寺《じ》

中風除け

■宗派　浄土宗西山深草派
■本尊　阿弥陀如来

▲大きなかぼちゃ（中に観音様）がある本堂

▲本尊の阿弥陀如来は、室町時代前期頃の作

**ご詠歌**

みてひろげ
かぼちゃのうえに
たちたもう
ハズのかんのん
かぼちゃかんのん

## 全国から愛される「かぼちゃ寺」

「かぼちゃ寺　ハズ観音」と呼ばれ、成人病予防、中風除けには霊験あらたかと信仰を集めています。天平年間（七二九～七四九）に行基菩薩により建立。その後、天文年間に利春僧都が再興して西林寺と号し、後、寛政年間に今の妙善寺と改めらた浄土宗の寺です。かぼちゃ伝来発祥の地とも言われる当寺では、毎年冬至の日に、全国各地より寄贈された南瓜を使った「かぼちゃしるこ」が参拝者に振る舞われます。

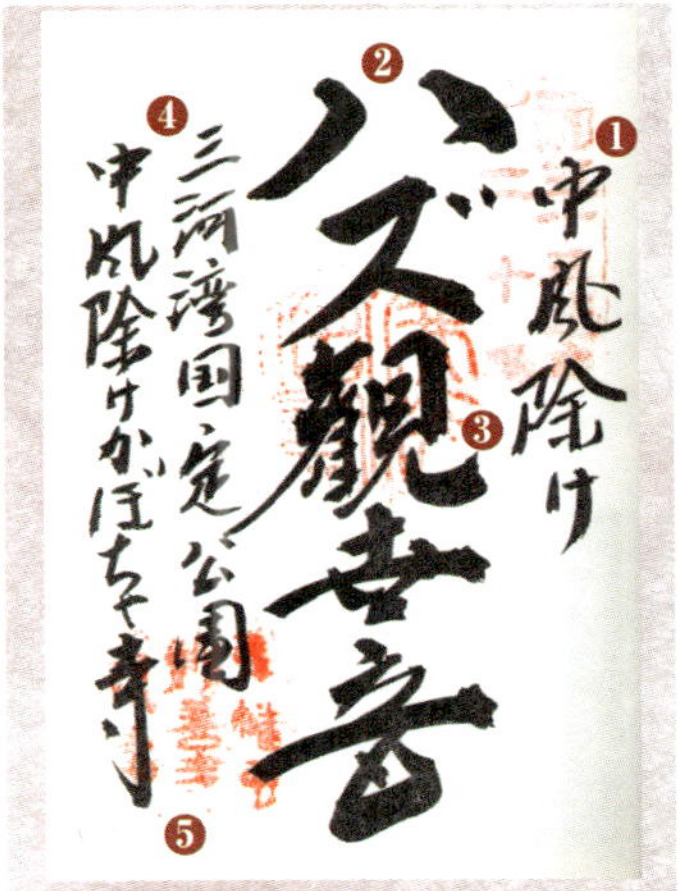


❶中風除け（墨所）
❷ハズ観世音
❸三宝印（仏法僧宝）
❹三河湾国定公園
中風除けかぼちゃ寺
❺東幡豆妙善寺執事

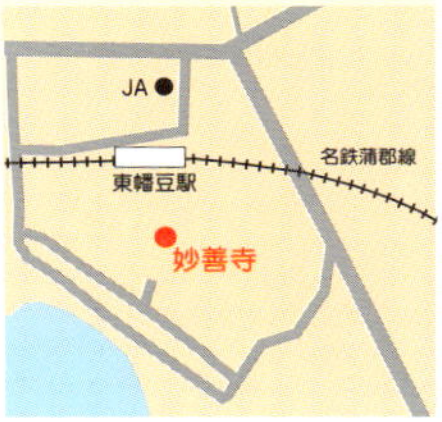


■所在地愛知県西尾市幡豆町東幡豆森66
■電話0563-62-2297　■アクセス名鉄蒲郡線「東幡豆駅」より、南へ徒歩約3分　■駐車場あり（門前に20台）
■拝観時間9：00～16:00　■拝観料無料※ご朱印代は別途
■HP http://www.hazu-kannon.net

三河三封寺
第三番

MAP P120-❸

転法輪山
# 養《よう》学《がく》院《いん》

ぼけ封じ

■宗派　真言宗醍醐派
■本尊　不動明王

**ご詠歌**

もろびとの
心のささえ
とこしえに
みちびき給う
不動明王

▲みちびき不動が安置されている不動堂。前には白寿観音が祀られている

▲境内の庭園は美しく整備されている

▲龍玄に夢告した三宝荒神の祠

## 霊験あらたかなみちびき不動

元亀元年（一五七〇）龍玄法印が開山。みちびき不動と病封じの寺として広く知られています。本尊の不動明王は、龍玄法印がこの地で修業をしていたある夜、鎮守の三宝荒神《さんぼうこうじん》の霊夢があり、大衆の安泰を願って刻まれたと伝えられます。大日如来の身代わりとして人々を守ります。境内には霊夢を授けた「火の神三宝荒神」が祀られ、御殿山には十二支守本尊と身代りみちびき不動明王が祀られています。

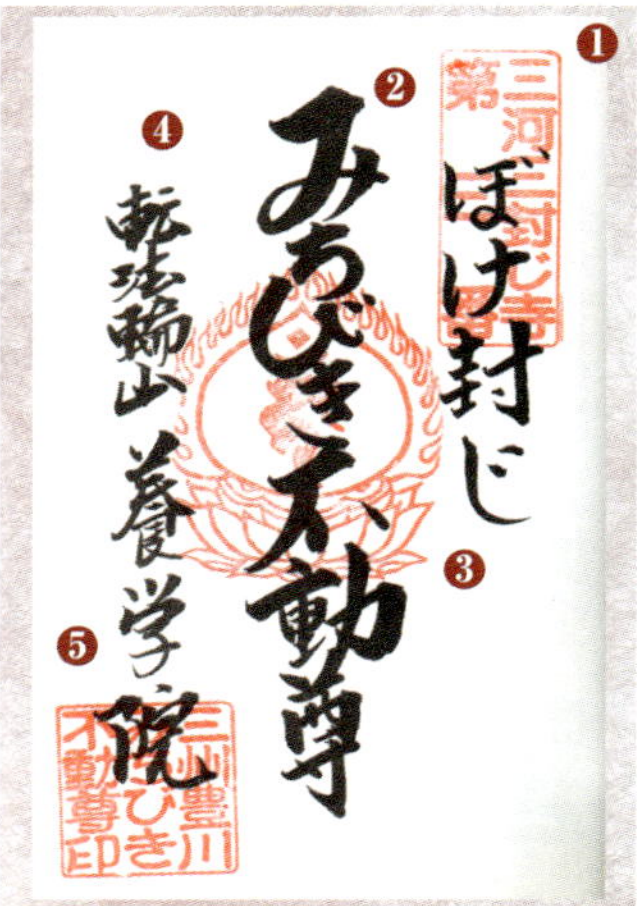


❶三河三封じ寺第三番
❷みちびき不動尊
❸不動明王を表す梵字
❹転法輪山　養学院
❺三州豊川みちびき不動尊印

■所在地愛知県豊川市大橋町4-3
■電話0533-86-2570
■アクセスJR飯田線「豊川駅」よりタクシーで約7分
■駐車場あり（50台）■拝観時間9:00～16:00
■拝観料無料　※朱印代は別途

# あとがき

二〇一四年、メイツ出版から「愛知の札所めぐりのガイドブックを作りたい」との依頼を受け、日頃、東海地方で地域情報紙、広告媒体、コミュニティサイトなどで活動しているフリーランスのライターで取材と撮影を行うプロジェクトを立ち上げました。30～40代のキャリアあるライターの集まり。今まで多くの執筆活動のなか、様々な取材に携わりながら、東海地方の「街（まち）」の情報を発掘し、まとめ、発信して来た面々です。

自分たち、地方で活動する「地方ライター」の仕事の醍醐味は、地域を細かく取材し、自分たちが暮らす街の良さを「再発見」できること。このガイドブックの取材に参加する地方ライターのプロジェクト名を「東海まち歩き再発見隊」として『愛知の札所めぐり』の取材に取り組むこととなりました。

「京都などで寺巡りの取材をしたことはあるが、ご朱印を集めるのは初めて」、「地元にこんなにも多くの霊場があるとは知らなかった」など、キャリアあるライターたちでも、自分たちが住まう地域で霊場巡りをしたライターはごく少数。一から取材先の寺院の皆様から詳しいお話を聞くことから始めました。どの寺院の皆様も、大変親切に対応していただきました。一方、なかには、跡継ぎがなく無住（管理は別の寺院が行う）となっている由緒ある寺院もあり寂しい現実にも出逢いました。また、取材の傍らを多くの巡礼者が往来し「祈りの姿」を目の当たりにでき、忘れていた何かに出会えた貴重な機会でもありました。そして、この度、改訂版を出すことができました。

最後に、改訂に当たり取材に快く対応していただけた寺院の皆様、及びこうした我がまちの再発見の機会を与えて下さったメイツ出版の折居編集長、進行管理などをしていただいたメイツ出版の清岡さんには、大変お世話になりました。この場をお借りして心から御礼申し上げます。

東海まち歩き再発見隊　篠原史紀

# さくいん

## あ


安楽寺（常滑市）……36
安楽寺（阿久比町）……70
岩屋寺……10・18・20・22・26・37・52
圓通寺……60
延命院……89
奥之院……10・22


## か


海上寺……103
観音寺（東海市）……58
観音寺（東浦町）……68
観音寺（阿久比町）……74
観福寺……37・52
喜見寺……99
金龍寺……104
玄猷寺……54
高讃寺……36・37・52

## さ


光照寺……72
興正寺……105・106
極楽寺……26
護国院……94
三光院……43
慈雲寺……48
慈光寺……44
地蔵院……100・115
地蔵寺……113・116
持宝院……32
常光院……93
正衆寺……23
常福寺……64
神護寺……28
栖光院……50
清浄寺……114
清水寺……56


## た


大喜寺……102・118
大善院……40

大智院……46
長久寺……91・93
長光寺……112
長寿寺……61
傳宗院……66
東界寺……92
洞雲寺……18・38


## な


中之坊寺……42
七寺……87
如意寺……115


## は


福生院……90
普門寺……62
辯天寺……97
宝珠院……96
芳珠寺……117
寶生院……58・86
寶藏院……95
法華寺……30

## ま


萬福院……88
妙善寺……123
弥勒院……98
無量寺……122


## や


養学院……124
影現寺……31
影向寺……24


## ら


来応寺……34
笠覆寺……101・108
龍福寺……105

## 企画・編集　編プロ 地球デザイン（三重県いなべ市）

**【取材・撮影・執筆】**
**東海まち歩き再発見隊　※東海地方在住のライターによるプロジェクトです。**

**●篠原史紀（有限会社地球デザイン 代表取締役）**
東海や関西のガイドブックなどの企画・取材・撮影を行うフォトライター

**●松島頼子（編集工房M＆菜の花舎 代表）**
岐阜県在住のフリーランス・ライター。興味のあるテーマは里山暮らし・地域の取り組みものづくり・各地の歴史など。真宗大谷派の坊守

**●稲葉敦子**
コピーライター。広告制作会社勤務後、フリーランス。広告から編集物まで幅広く手掛ける

**●近藤大介（Logosviral 代表）**
テレビの番組制作会社などを経て、地元タウン誌に入社後、編集長も経験。現在はフリーペーパーの発行や地元誌・全国誌の編集業務を行う

**●長岡真衣（Logosviral 所属ライター）**
声優志望として養成所に通うも芽が出ず、紆余曲折を経て地元タウン誌に入社。現在はLogosviral に所属し、営業兼ライターとして活動中

**●近藤智美**
フリーランスライター。趣味から始った地域のコミュニティサイトを運営しながら、地方雑誌の執筆活動を行う。ご朱印集めを開始した途端に、この本の制作に携わることとなった

DTP/（有）地球デザイン（篠原由美、篠原史紀）
MAP/ 森 千秋（50'S NET WORKS 代表）


**愛知　札所めぐり　御朱印を求めて歩く　巡礼ルートガイド**

2018年9月20日　第1版・第1刷発行

著　者　東海まち歩き再発見隊（とうかいまちあるきさいはっけんたい）
発行者　メイツ出版株式会社
代表者　三渡　治
〒102-0093　東京都千代田区平河町一丁目 1-8
TEL：03-5276-3050（編集・営業）
03-5276-3052（注文専用）
FAX：03-5276-3105
印　刷　株式会社厚徳社




©地球デザイン, 2014,2018.ISBN978-4-7804-2078-4　C2026　Printed in Japan.

ご意見・ご感想はホームページから承っております。
メイツ出版ホームページアドレス　http://www.mates-publishing.co.jp/
編集長：折居かおる　企画担当：折居かおる　制作担当：清岡香奈
※本書は 2014 年発行の『愛知 御朱印を求めて歩く札所めぐり 名古屋・尾張・三河ガイドブック』を元に加筆・修正を行っています。